子どもは発達まっ最中

主体性・柔軟・関わり・集団

棚橋 啓一 著

文理閣

はじめに

ビルの屋上から東京の街並みを見下ろすと、大小さまざまな四角いコンクリートの高層ビルが雑然と隙間なく林立しています。コンクリートの建物は、どれも直線で構成された四角い塊《かたまり》です。しかし街の中を歩くと、道端にもコンクリート塀の脇にも植木鉢が置かれていたり雑草がはえていたりしています。そうした植物は、建物とは反対に、直線など一本もありません。

ミカンやリンゴの木も、犬や猫も、生きているものは、みな一つ一つ、一匹一匹が「柔軟」に自分独自の姿をしています。

直線や円や楕円のような幾何学的な線は、定規やコンパスや紐を使って描かれるもの、つまりいくつかの決まった要素によって導かれる他律的な形です。一方、リンゴの木の一本一本や犬の一匹一匹のように生きているものは、それぞれ「主体性」を持って、周囲と関わりながら自分を作っていきます。だから生きものたちは「柔軟」で多様です。両者の違いは根本的な違いですから、私たちはいつも頭に置いておくことが大切だと思います。
生きものの中でも、私たち人間は、特にこの「柔軟」さを豊かに働かせています。だからこそ思想や科学や芸術などで、多様な世界を生み出してきたのではないでしょうか。それはすばらしいことです。

けれども、人間が生み出した活動の一つである〝経済〟が、今、「柔軟」さを失って、しばられた〝硬直化〟した状態に陥っていて、人間を拘束し支配する状態になっています。私たちの生活は経済の渦に巻き込まれ、競争・効率・利潤と、大量生産のもとで、あらゆる場面でお金を払って消費するという流れにどっぷりつかっています。

それが子どもを育てる考え方や教育まで巻き込んでいます。与え過ぎ、便利過ぎ、甘やかしが広がる一方で、競争で勝つことが目標の子育てとなり、受験対策や塾通いが普通の状態になっています。スポーツの世界でも、優勝やメダル獲得にこだわり、体罰や〝しごき〟まで出てきています。そうした中で、「人間をだいじにする」「一人ひとりを尊重する」「やさしさ」「ゆとり」「仲良し」「共同」などが軽視・無視される状況になっているのではないでしょうか。

今、子どもたちはそんな中で生活し育っているのです。子どもたちの中には、自分を見失って非行や暴力に走ったり、無気力、引きこもりに陥るなど、深刻な犠牲がでています。大人たちはもっと子どもの状況に目を向け、責任を感じて、救いの手をさしのべるべきではないでしょうか。ところが学校や行政は、それを子ども自身のせいにして、表面的な対応、一時的な対応で済ませてしまい、教育の歪みを深刻化させ、親の焦りや迷いを増大させています。

このようなときこそ、子どもたちの「主体性」を尊重した、「柔軟」な「共同」の取り組みが重視されなければならないと思います。

かつて、共同の取り組みは、人間の普遍の活動として、子どもの友だち仲間の遊びや、親たちの近所付き合いや地域や学校の合同行事など、身近なところで頻繁に行われていました。家族や遊び仲間、クラブのような集団、つまり、みんなが生き生きと活動できているところでは、子どもはのびのびしていました。現代は、経済の強い流れに影響されて、教育行政がきびしくなり、学校にゆとりがなく、活動の場が抑えられ減ってきています。

子どもに限らず、人間は「主体性」が尊重され「柔軟」に生き生きと活動ができれば、すばらしい力を発揮します。子どもにとっては、活動は喜びであり楽しい時間です。課題に挑戦し、次々と新しい力を身につけ、「発達」を獲得していきます。集団の活動となれば、とても大きい力が発揮されます。子どもの力を見直し大人を驚かせるほどのものになることもしばしばです。

本書では、そんな子どもの活動の実例をあげながら、「発達」していく姿を紹介し、「発達」の質、「集団」の質、「地域」での活動の重要性などを、みなさんと一緒に考えたいと思います。

これらの問題は子育ての問題であると同時に、大人の社会・地域・職場の人間の問題、民主主義の課題ともつながっています。そのような大きい課題であることも忘れないように、この論を進めてみたいと思います。

二〇一六年五月三日　憲法記念日に

棚橋　啓一

子どもは発達まっ最中◉もくじ

第二章　主体性、つながり、集団活動　47

第三章　発達と子どもが主体性を持つ活動　91

第五章　だいじなことはみんなのものに

第一章

子どもの力と子どもの育つ場

1 人間は「体外情報型」の生きもの

人間は一人で生きていくことはできません。集団をつくって生きてきました。

現代社会は、一人の人間がいろいろな集団に所属するようになっています。家族や地域社会とのつながりは昔からありましたが、現代は職場や事業活動でのつながり、社会的な活動団体でのつながり、行政関係でのつながり、そのほか学校や趣味の会など多岐にわたっています。それも身近な小さい集団から大きい組織までいろいろです。

子どもも保育園・幼稚園や学校、クラブや塾など、身近な遊び仲間以外にもいろんな集団に所属しています。また自動車、航空機、電話やインターネットやスマホなどで広範囲とつながり、新聞、テレビなどで多くの情報を共有する時代になっています。

もう一つ、人間は自然と密接につながり、自然の中で生きています。気候や天候に左右され、山や海、水や空気などの環境にも大きく支配されています。

子どもたちも、このような「つながり」「関わり」の中で生活しています。

ところで、その子どもがどのように育つか、どのような文化を身につけるかが大きな問題です。子どもを取り巻く人たち（集団）や地域社会と、そこにある文化によって育ち方は大きく変わっていきます。

例えば、周囲が日本語を話しているところで育てば、日本語で話し、日本語で考えるようになります。それも京都で育てば京都弁が身につくように、細かい微妙なところまで子どもは学び取り身につけていきます。両親が日本人の子どもでも、ドイツで生活していればドイツ語が身につきます。

人間の遺伝子には「言語を身につけ使用する能力」が組み込まれています。言葉は周囲から学び取るようになっているので、どこの国、どこの地方、どんな集団に生まれ育っても、そこで使用されている言語を身につける能力を持っているのです。逆に見れば、言語的には、遺伝子情報（体内情報）だけでは言葉が身につかず、周囲から聞き、学び、身につけて、初めて習得できるということです。それで人間は「体外情報型の生きもの」とされているのです。

では、体外情報型ではなくて「体内情報型」の生きものとはどんな生きものでしょうか。昆虫などを見るとよく分かります。昆虫は卵から孵化《ふか》し幼虫になると、誰に教えられることも学ぶこともなく、自分で特定のエサを取って食べ、成長すると、自分で脱皮し、自分の力で成虫になります。アブラゼミは、卵から孵化すると、自分で木の幹を伝って地面に降り、根元の土の中に入って、その木の根から汁を吸って、何年もかかって成長し、サナギになり、木に登ってカラを脱ぎ成虫になります。その間、誰に教えられることもなく、すべて自分の体内の遺伝子情報に導かれ、成虫になります。だから「体内情報型」というわけです。

またウマ・ウシ・ヒツジなどの子どもは生まれて間もなく自分で立ち上がり、歩きだします。人間は自分で歩けるようになるのにほぼ一年かかります。人間はいろいろなことができるようになりますが、それは周囲に学び、周囲に支えられて時間をかけて一人前になります。跳んだり物を投げたりすることも、練習すればかなりの力がつきますが、練習の機会に恵まれないと、あまり大きな力を身につけることはできません。

食事や挨拶のしかたなども、周囲に学び、周囲の影響を受けていることは、それぞれの家庭や地域、また友だち仲間などの集団で、誰もが同じような挨拶をしていることを見ても分かります。言葉（方言）などもそうですが、日常の生活習慣、集団としての「文化」は、その集団、その地域で作られ、一人ひとりを通じて受け継がれていきました。遺伝子によって伝えられるのではなくて、「体外情報型」で一人ひとりの学習によって獲得され、発達していくのです。

人間は一人ひとり、主体性があり個性もありますから、工場で大量生産される製品のように全く同じとはなりません。「文化」の伝わり方も一人ひとりの学び取り方も、大きくは同じですが、一人ひとりの顔が異なるように、少しずつ違いが生じます。

最近は、情報を伝える媒体が発達し、それを大きな企業や組織が宣伝や広報に利用しています。それはその企業や組織が自分の狙いや要求を達成するためにしているのであって、「人間」のためではありません。効率や利潤が優先されることもしばしばです。人間を利益を得るための顧客や消費者という面だけで考えたり、組織の思う方向に動かすことは、人間一人ひとりの尊重ではなく、人間を一律に考える方向に通じるものです。人間の命や一人ひとりの生活という、最も重要なことを片隅に追いやっているようで気になるところです。

「体外情報型」の私たち人間は、次々に出てくる現代社会の情報に振り回されていないかを、考える必要があります。私たち一人ひとりが「主体性」をしっかり持ち、「その人らしさ」「人間らしさ」を自覚し発揮できることが大切です。子どもの発達を考えるときも、この問題は避けて通れない課題です。

2 子どもの主体性と柔軟

「はじめに」のところでも書きましたが、今、大都会には直線で構成されたコンクリートの四角いビルが建ち並んでいます。コンクリート建造物に囲まれていると、土の空間が少なく人間の存在がとても小さく感じられるような圧迫感で迫ってきます。郊外の住宅地では、わざわざ樹木が植えられ、家の周りに花の鉢が並べられたりしています。家の花瓶に花を活《い》けたり、小動物を飼ったりもしています。人間生活には、生きているものの潤いが必要で、固い直線ばかりでは息がつまる、というのは人間も正しく自然の生命の一部であるということです。

　生きているものはどれも形は柔らかく、自然と共存できるよう形も一つ一つ適応するようにできていて多様です。そして一つ一つが独自性を持っています。またそれぞれの個体は、外から見えない内部もいろいろに形成されて多様です。同じくらいの大きさの栗の実も、イガの中には実が二つ入っているのや三つ入っているのがあるという具合です。一つ一つに少し違うところがある、だから他の個体と違った特性や独自性に着目して、品種改良できるのです。

人間も本来「柔軟」さが豊かで、多様です。一人ひとりが周囲と「柔軟」に関わりを結び、外から学び取り、発達を獲得し、自分を形成していきます。子どもが新しいことができるようになるには、その子らしい努力や工夫をしています。「主体性」があってこそであり、工夫は「柔軟」さがなくてはできないことです。機械的に人まねをしても新しい力はその子どもの身にはつきません。

「発達」には「主体性」と「柔軟」が必要なのです。だから体験が成功したり、新しい力を獲得したときに、興奮と達成のわきあがるような喜びを感じます。親や先生とその喜びを共有することで、さらにつぎの挑戦の意欲が湧くのです。「主体性」がさらに強くなり「柔軟」さも増します。こうして子どもは「発達」の階段を一つ一つ登っていきます。そういう子どもは毎日、喜びがいっぱい、生き生きしています。

四角形や円、楕円などは、いくつかの要素（長さ、半径、焦点など）を決めれば、誰でも同じようなものが描けます。要素が少ないので、同じことが他の人でもできます。しかし生きているものの多様さ、行動の複雑さは、そんな単純な要素の合成ではなく、複雑・多様な要素や結びつき方などの総合です。「発達」は、子どもに「こうしなさい」「これはダメ」などと言っただけで、それに従えばできるほど単純なものではありません。

新しい力を獲得する、つまり「発達」は、その子の中にそれができる力の蓄積ができて可能になることですが、そのためにはその子の〝やる気〟「主体性」と、今までにない新しいつながりをつくる「柔軟」が必要です。

3 ものごとへの「関わり」と人との「つながり」

人が他の人やいろいろなものと、「関わり」「つながり」を持とうとするとき、「主体性」と「柔軟」が豊かにあるかないかで、その結果は大きく変わってきます。

土や石ころに接するときでも、もしこれを早く運ばなくてはと、気が焦っているときは、「ゆとり」（つまり「柔軟」）がないので、土も石ころも大ざっぱにしか見えず、取り扱い方も大ざっぱになります。目の付け方や手の動きも単純化し硬直化します。そのため、落としたり事故が起こりがちになります。反対に気持ちが落ち着いているときは、よく土や石を見たり周囲との関係にも気がつきます。「ゆとり」があるから手や道具の使い方も「柔軟」になり、仕事がうまく運びます。土や石の凹みや角にも気がつき、ケガもしないで、かえって能率よく仕事が運ぶようになります。

〝縄跳び〟や〝自転車に乗る〟力をつけようとするときのことを考えても、〝やる気〟がないときや、緊張して体が硬くなっている状態では、なかなかうまくいきません。「発達」には「主体性」と「柔軟」が必要なのです。

人との「関わり・つながり」でも、この「主体性」と「柔軟」は欠くことのできないものです。柔らかい声かけは、子どもと関わるときも、大人同士の挨拶でも重要だと、誰でも気づいていることです。私の経験を通して、このことを少し丁寧に考えてみたいと思います。

停留所でバスを待っていたときのことです。到着したバスから降りた人が、少し大きな声で、「あのー」と、周囲の人に声をかけました。その人は、白杖《はくじょう》をついていました。そこには次のバスを待っている人が七、八人いたのですが、誰もその声に応えないのです。

それで、後方にいた私が、「はーい」と少し大きな声で応えました。

その人は他の人をかき分けるようにして私の所に来て、「地下鉄の入り口は、どちらですか」と尋ねました。私はその人の手を柔らかく持って、地下鉄の入り口まで案内しました。

その人は別れるとき、「顔を触らせてもらってよろしいか」と言い、私の顔面に柔らかく両手の掌をあててそーっと動かしました。目が見えないので、手で触って私の顔を覚えようとされたのでしょう。

そして、「私の手、どうでしたか」と尋ねられました。

「やさしい柔らかい触り方でしたね」と答えると、

「他人様の顔を触るのですから」と言われました。

この短時間の出来事の中にも、人間の「関わり」がどのように進むか、よく現れているので、整理して考えてみたいと思います。

（1）バス停で待っていた七、八人は、お互い何のつながりもない。群がってはいるが、まとまった集団ではない。

（2）そこへ「あのー」と声をかけて、つながりを求めてきた人が現れた。誰もが「さあ、どう対応しようか？」と迷い、緊張した。少し硬直化し、知らぬ顔だった。応じる人は最初は誰もいなかった。

（3）私は、目の見えない人と関わった経験が何度かあったので、あまり緊張せずにいた。そして応じる人が他にいなかったので、ゆっくりと少し大きい声で呼びかけに応えることができた。

（4）私は、そのあとも硬くならないで、目の不自由な人と手を柔らかくつないで、案内することができた。道路の段差なども伝えるようにした。

（5）その人も、安心感というか親近感というか、そんなものを感じてだろうか、私の顔を触って私を知ろう、覚えようとした。その触り方は柔らかであった。

このように、人と人との「関わり・つながり」や「学習」は、それを求める人の要求から始まります。その要求はその人の「主体性」がなければ出てきません。また、その人が、硬くなっていてはうまく進みません。「柔軟」であることがだいじです。これは、人と人との「関わり・つながり」に限らず、物との関わりについても言えることです。

食器や道具など、硬い（生命活動していない）ものを持つときでも、加減をせず一方的に手をもっていけば、コツンと衝突が起こりうまく持てません。コントロールしながら手を添えるから、うまく持てるのです。まして生きているもの同士の関わり合いは、犬や猫に対してもそうですが、人間ならなおさら「柔軟」で微妙です。変化も多様です。

赤ちゃんは、抱っこされているときも、抱きしめ方、その柔らかさや安定感などを通じて、いろんなことを感じ取り学び取っています。皮膚の接触、声のかけ方、揺すり方などから、人間のつながり、やさしさなどを受けとめ学び取っているのです。もし急な動かし方をしたり、一方的な声かけをすると驚き、自分がだいじにされていないと感じ、心が不安定になり、ぎくしゃくした心の「発達」をせざるを得なくなります。

子どもに声をかけるときでも、手をつなぐときでも、子どもは「柔軟」ですが、大人は「柔軟」さが少しずつ失われていっているので、力の強さを利用して一方的な関わり方になりがちです。すると子どもの方は、緊張して硬くなったり、どう対応したらよいかと迷ったり混乱したりします。目を合わせたり、少し手を振ったり、優しい声をかけたりしながら関わりを始めるという呼吸はだいじなことです。

これは子どもでも大人でも変わることはありません。不意に声をかけたり、「こらっ」とか「やかましいっ!」というような一方的な強い関わり方は、子どもの心や体を「硬直化」させ、混乱させたり「発達」を停滞させたりします。それは、植物が硬い石ころのところでは育たないのと同じです。「関わり」「つながり」がだいじなのです。

自分がだいじにされていると感じると、自分も「柔軟」になり「主体性」が生き生きと発揮できます。そして周囲に積極的に関われるようになり、周囲とのつながりも豊かになります。すると新しい力を獲得する「発達」の活動もどんどん進みます。

ところが現在の日本の社会は、子どもの生き生きした活動を束縛することが多くなっているように思われます。私の親戚の子どもが、フィンランドにホームステイをしていて、そこで高校を卒業し日本に戻って来ました。大学はどこへ行くのかと尋ねました。そしたらフィンランドの大学に行くというのです。理由は〝学費が要らないから〟。フィンランドでは外国人に対しても学費は国が持つのです。

そして、彼がそのあと、声を落として、

「日本は息がつまるから」

と言いました。これが彼をフィンランドに結びつけている最大の理由なのでした。

4 「息がつまる日本」といわれるが

日本の社会は、伸びやかな外国生活を経験した人にとっては、息がつまるような空気があるようです。それは人間と人間の関わりという面で、今まで述べて来たように、「柔軟性」が少なく、「硬直化」が進んでいるということではないでしょうか。これは多くの人が感じているところのようです。

散歩中のことですが、京都の古い大きな寺院の境内に入り、本堂の方に歩いていたとき、本堂の前に腰を下ろしていた白人の女性が一人いました。その人がリュックを背負って立ち上がり、私の方に顔を向け、ニコッとしてそばを通っていきました。私も会釈《えしゃく》のような気持ちで少し頭を傾けましたが、見知らぬ外人の女性に、突然挨拶《あいさつ》されて、少々硬くなったのを覚えています。そして本堂を後にお寺の境内を出ようとしたとき、今度は白人の男性一人とすれ違ったのですが、その人も私に向かってニコッと軽い挨拶の笑顔をして通りすぎていきました。私もそれに応えて会釈をしましたが、到底、柔らかい表情はできませんでした。

この二人の柔らかい、人間同士としての、〝やあ、こんにちわ〟というような笑顔の挨拶は、自然で暖かいものでしたが、私の方は、表面的な形だけの挨拶になっていたことは否定できません。私もそれ以後は心の準備ができて、少しは笑顔を作って挨拶を返すことができるようになりましたが、二人の欧米人のような柔らかさは、まだまだです。

また、私はベトナムに何度も行っていますが、ベトナムの人は日本人と顔が大変よく似ています。私もベトナム人と間違えられたことがあるくらいです。そのベトナムの町の路上でたまたま立ち話をしていたとき、中学生くらいの子どもが寄って来て、

「日本、知ってるよ！」

「日本、ヒロシマ、ナガサキ」

と、声をかけられたことがあります。もちろん通訳を通してですが。

子どもたちは私が日本人と分かったので、寄って来て話しかけたのでしょうが、気軽に話しかけるその柔らかさに驚きました。日本では知らない人に、まして外国人に対しては硬くなってしまうことが多いのに、と思ったことでした（それも年齢が上がるほど強いかも知れません）。これは子どもたちに大きな影響をもつ学校教育の違いによるところも多いのではないでしょうか。日本では外国のことや外国人との関わりについて、どのように教えられているのか気になるところです。

今、私たちの周囲にはおかしなことがいっぱい起こっています。日本原子力研究開発機構の高速増殖炉〝もんじゅ〟では事故発生以来二〇年間も保守管理の問題が繰り返され、とうとうこれでは原子力機構にはまかせられないと、原子力規制委員会が言い出した（二〇一五年一一月）とのことです。一日あたり五千万円、これまで一兆円規模の税金が投じられながら解決できていません。関係者、政府の人たちは何をしていたのでしょうか。技術的な問題や責任はどうなのでしょうか。原子力発電には、人知を越える危険があることは〝もんじゅ〟が、証明しているようなものです。

また、巨大マンションの構造的傾きや、子宮頸ガンワクチンの副反応や血液製剤によるエイズ感染、薬品や自動車部品の不備・欠陥など、大企業の仕事が決して安心できるものでない事態が次々と明らかになっています。

子どもに関しても、子どもの数の減少を機に教員の数を大幅に減らすと、財務省が言い出しているなど、ひどい状態があります。学校の大規模化も、子どもが地域で交流し一緒に生活するという、成長に必要な当然の生活空間を無視した、経済効率優先の考え方といえます。

次の資料を見てください。ある小学校の「学校だより」（二〇一三年一月）です。「ルール8」に「何かもらったら、三秒以内にお礼を言おう」とあって、たいへん驚きました。物をもらったら心からの感謝の気持ちを持つことがだいじですが、この「ルール8」は、規則のようです。「ルール22」の「お客さまを歓迎しよう」にも、規則化された心の通わないものを感じます。

読者のみなさんはこの資料を読んで、どんなことを感じられますか。

「ルールブック」が作られ、「形」を強制するような教育が実際に進められているのです。

◆ある小学校の「学校だより」（二〇一三年一月）

「みんなのためのルールブック」より（パートⅡ）

子どもたちは、お正月などの行事で、家族や地域の方と過ごす時間がたくさんあったと思います。礼儀・作法は形式がたいせつなのではなく、相手を大切にする心を表すものです。「ルールブック」の一部から振り返ってみてください。

ルール８：何かもらったら、三秒以内にお礼を言おう。

人に何かもらったときは、必ず「ありがとう」を言おう。感謝の気持ちを見せないことに言い訳は許されない。

ルール22：お客様を歓迎しよう。

お客様がくるときは、出迎えをして「よくいらっしゃいました」と歓迎の気持ちを伝えよう。

「もらう」というのはプレゼントだけでなく「してもらう」ことも含まれます。日常生活の中で身の回りの人からしてもらったことに対して子どもたちはすぐに感謝の気持ちを伝えることができているでしょうか。また、歓迎の気持ちは、相手を見て交わすあいさつの言葉にも表れます。毎日の学校生活でも、身に付けられるよう取り組んでいます。

ある東南アジアから来た留学生の投稿を見てみましょう。

「（前略）店に入ったとき聞いた『いらっしゃいませ』とか、店から出るとき聞いた『ありがとうございます』には、心から言っていないなど、ときどき思ったりします」と書いていました（季刊『ひろば』No.182）。

海外からの留学生が、店員の「いらっしゃいませ」「ありがとうございます」にその気持ちが感じられないというのも、画一的で機械的なマニュアル化された規則で、表面的なお礼を言っているだけで、人間同士の心の関わりからではないことを指しています。日本に留学して人とのつながりを深めよう広げようとしている若者たちだけに、たいへん気がかりです。私たちの日常生活が、人間としての関わりより、経済効率優先の関わりが強くなっているのではないかと気になります。

また、南米から来た留学生は日本の学校を見学した驚きを次のように書いていました。

「（前略）日本の学校の教室に入って驚いたことは、先生が出した問題に対して、先生の思っていることに沿った答えを出さなければ、と気を使っていることだ。自分の国では、自分の考えを言って、間違っていれば、またそれで話し合いが盛り上がる」（季刊『ひろば』）。

日本では礼儀作法のような決まった行動のしかたを、誰もがするように期待されている空気が昔から強く、それがまたよいこと、模範的なことのように考えられているところがあります。その人の気持ちや考え方を、つまりその人個人を尊重するのでなく、そのときするることがすでに決まっているように考えられているところがあります。型にはまったような考え方、硬直した考え方がまだまだあるように思われます。

上下関係が軸になっていた封建的社会では、上の人の言うこと、考えることに従わないことは、道に外れたこととして認められない、従うことが当然とされていましたが、それが軍国主義・全体主義・戦争時代に引き継がれて、現代にまでその考え方や行動のしかたが私たちの生活に残っています。一人ひとりが人間として尊重されるのでなく、上には従うという「人間のつながり」が軸になっているところが、資本主義経済の企業活動に引き継がれ活用されていて、現代もなお、上下関係が支配的です。

子どもの集団内での関わりを考えても、力の支配、タテ社会の人間関係の集団では、力の弱い子どもは、心の中でボスの考えと一致しなくても、表面的には賛成することが多く、自分の心の中の矛盾はだんだん積もっていきます。やがて矛盾が集団内の緊張を生み、暴力やいじめに発展します。そこに目を向けないで、一時的な言葉や行動を表面的に調査して対策を考えるばかりでは本質が見えてきません。

イタリア人の神父、ステファニ・レナトさんは、こう書いています。

日本の青年は全く想像力がないんですね。もう、ほんと、だめ。何か自分で考えて言うのは何もできないのね。教科書に書いてあることだったら、いくらでも言いますね。教科書に書いてないことを自分で考えてまとめていくとかね、なかなかできない。日々育ててないと言うより、わざと育たないようにやっているんですよね。育てれば、あと、大変だからね。支配階級はいろんなこと言われるからね。自由な人をつくってしまえば、あとは、その人に自由にさせないともう大変でしょ。だから自由はいらないと説得しておけばですね、あとは、いうことをやってもらえば、すむんですからね。型にはまった人間をつくってしまえば、あとは取り扱いやすいでしょ。敷かれたレールの上を走るだけだから。選んだ責任を問われるのを嫌がるし、人にゲタを預ける、ということなんですね。日本の教育見てて、そう感じるんですね。（後略）（京都新聞・一九九二年）

日本の私たちからすると、かなり荒い言葉使いですが、ここで言われていることはそう見当外れでもないように思われます。そして今の日本には、学校や組織や子どもの家庭まででも、上下関係の意識が強く、一人ひとりの子どもを尊重するよりも、子どもは知らないから教える、教えられたとおりに言うことをきく子どもが良い子だ、と考え、行動している人がまだまだ数多くあります。

5 学校で共に未来が語れているか

子どもは毎日、決められた学校へ行きます。そして決められた教室へ。決められた教科書で決められた時間まで……。ほとんどすべてが決められた枠の中で、子どもたちは毎日を過ごしています。

しかも今の学校の組織・運営を担っている行政や現場管理職の人たちは、小規模校を統合して学校数を減らすという合理化や、授業時間数、土曜日の授業をどうするかとか、進学率のアップなどにはいろいろと時間とエネルギーを使っています。実際には教員の事務量が増えて、肝心の子どもと一緒にいる、本当の意味での教育活動の時間が減ってしまっています。教育行政ではこの現状をどう改善するかの努力が見えず、一方では教育内容にまで厳しい規制を進め、教員をがんじがらめにしています。

そのため教員は主体性を失い、精神的ストレスでうつ病や無気力、過労で病気になる人が増えています。二人の子どもを学校に通わせ、一〇年以上も保護者として教員と関わってきた一人の母親が、私に小さい声で、

「最近の先生は、見ていて可哀想です」

と、ささやきました。信頼したい先生に頼れない、それどころか何か支えてあげなくてはいけないのではという気持ちになるほどだ、というのです。

教育活動の中身もたいへん気になる状態です。それについて、浜田寿美男氏は著書『子どものリアリティ　学校のバーチャリティ』（岩波書店）の中で、

「授業での教員の質問が、子どもが試されているようになったり、子どもが分からないままでの答えの当てっこになっていたり、形の上での〝議論ごっこ〟や、〝ごめんなさい〟で終わる反省など、奇妙なコミュニケーションの状態であり、学校はバーチャルな空間」

と指摘しています。これは、とても重要な指摘だと思います。

社会科を担当している中学校の教員から、歴史は石器時代や古代、中世を丁寧に時間をかけて教えていると、時間が足りなくなって、近代や現代は駆け足で済ませるのが現状だと聞きました。今の教科書では現代的な課題に応えるような授業はやりにくい、できない、日本の政治の実情に本気で取り組んだ授業をすると、政治的偏向だと圧力がかけられる。政治や行政の利害関係に振り回されている実態を、子どもにどう説明したらよいかという問題が出てくるというのです。

それを聞いて私は、北欧の国の教科書に「あなたの町の議員はどんな活動をしている

か、調べよう」という社会科の課題が出ていたことを思い出しました。ありのままのことを見ないで、抽象的な政治や行政の話を少しして、お茶を濁すようなことになっているのが、今の日本の学校の実情です。

親や教員のいうとおりに従うのが良い子で、南米からの留学生が驚いたように、教えられた通りに答えないとダメ、自分の考えを出すとよい点がつかないというのは、教育活動としておかしい、いや間違っています。子どもが反発をするとか、分からないとか、違った考えや答えを出すときこそ、みんなでそのことを掘り下げて考え、誰もが納得するまで取り組むことが、教育活動、学習活動の深さで、重要なところではないでしょうか。

それが一方的な上からの力で抑えつけられるから、子どもの間に不満や反発という緊張、硬直化が生まれ、シゴキやイジメが生じたり、無気力や引きこもりの子どもが出てきたりするのです。スポーツなど学習以外の場でも同じようなことが起こります。現に問題になっていることです。問題の行動が生じた場合、その子どもにどう対応すればよいのかと、とりあえずの対応に目が向き、小さな範囲の問題にしておこうとする傾向がありまず。必要なのは、問題の起こる原因を関係者みんなで掘り下げ明らかにして、それを克服する活動です。

もともと、子どもは〝知りたがりでやりたがり〟であり、柔軟で生き生きしています。

一人ひとりの子どもの主体性をだいじにし、大人や親、教員といった上からの一方的な取り組みにならないようにすれば、みんなの共通認識や共通理解になっていきます。

「教室は間違うところです」と教室に掲げている教員もいました。「学ぶとは誠実《まこと》を胸にきざむこと、教えるとは共に未来を語ること」というフランスの詩人ルイ・アラゴンの言葉を噛みしめたいものです。教育や学習は上から下への一方向の取り組みではなく、共に未来を語れる共同の取り組みであり、知識でなく実践することが重要だと思います。

6 考える子どもに ―「子ども」と「子供」―

日本語の場合、「子ども」に「子供」と漢字を当てて使用されています。この「供」という漢字は、「お供《とも》」とか「お供《そな》え」などと使われるように、付属的従属的な関係のときに使われる文字です。「子ども」に「供」という漢字を当てることは、子どもを下に、大人に付属している者のように思っているからではないでしょうか。そんな考え方から出てくるのは、子どもを管理する考えです。子どもは管理する対象ではなく、育てる対象です。

もちろん、子どもはまだ一人前ではありません。一人前になる前の、発達途上にある人間です。だから未熟で力も弱く、保護や配慮を必要とします。人類は少数の支配者が多数の人間を支配する時代を乗り越え、一九四八年の国連総会で「世界人権宣言」を採択し、お互いを人間として尊重し、共同や連帯をだいじに生きて行く時代にまで到達しました。けれども経済活動優先の力がいまだに人間を振り回して、まだまだ人間一人ひとりを尊重するところまで達していない状況です。

人間は家族でも地域社会でも、一人ひとりをだいじにし、仲良く暮らすことをだいじにしてきました。それは人間がもともと持っている生きものとしてのあり方です。数十万年前にイラクのシャニダール洞窟に暮らしたネアンデルタール人は、仲間の埋葬に花を手向ける知性・文化を持っていて、発掘された人骨によって、生まれつきの障害を持った人々も一緒に生きていたことがわかっています。それを思うと、みんなで生きることが壊されていく現代の私たちには、本来の人間性を意識した取り組みは重要な課題です。

二〇世紀の国連は、一九八九年、「子どもの権利条約（児童の権利に関する条約）」を満場一致で採択しました。日本は批准が遅れ、一九九四年五月二二日に国内で発効となりました。条約には「生存権」などとともに「意見表明権」「結社・集会の自由」「休息・余暇・遊び、文化的芸術的生活への参加の権利」なども明示されています。これらのことについて、改めて私たちの日常を一つ一つ丁寧に見直さなくては、と思います。

本年（二〇一六年）には、一八歳選挙権にともない、高校生の政治活動をどう考えるかで、愛媛県教育委員会が高校生の政治活動参加について届出制を提案していることが報道されました。日本も批准している「子どもの権利条約」の「意見表明権」や「結社集会の自由」に反することではないでしょうか。

さて、子どもの意見を尊重することと大人・親の意見や考えとの関係はどうなるのでしょうか。

例えば夕方になって子どもが、「外で遊びたい」と言い出したとしましょう。発達まっ最中の、じっとしていられない子どもの当然の要求です。けれども町の中は危険がいっぱいです。

親・大人の中には、「ダメ！」とか、「もうすぐ暗くなるから、家の中で遊びなさい」と、外へ出るのを止める人が多いのではないですか。でも、この言葉は、一方的ではないでしょうか。子どもを下に見て、親が監督をする飼い犬のような存在にしてしまっていることを表してはいないでしょうか。

子どもを一人の人間として尊重するならば、その考えや要求を親の考えだけで抑えつけたり、否定したりするのは、ちょっと考えものです。これではあまり考えない、親の言いなりに動く子どもになってしまいます。では、自分で考え、自分の言ったことや決めたことに責任を持つという、自主自立の方向へ子どもを育てるには、どんなやりとりが必要なのでしょうか。

かなり前のことですが、一人の女性の次のようなメモを見て、私は、ここに大きなポイントがあるな、と思ったことがあります。そのメモを見ましょう。

◆二五年前、アメリカ人家族と知り合って、驚いたこと

一〇歳と八歳の男の子が、
①親の手伝いをし、②父親に相談し、③母親をだいじにし、かばう。
（私は、親に言われてそれに従っていたが、ここでは自分たちの意志で選ぶという力を持った子どもたちに出会った）
（1）家族の暖かさ——人を受け入れ、愛する気持ちを子どもたちに与えていた。
（2）ルール——人と付き合う際に、言ってはならないこと、してはならないことを教え、人とコミュニケーションをはかる方法を教える。
（3）自分で選ぶ——（失敗しても）人に責任を押しつけられない。自分の責任。

（4）目標をもつこと―親は、彼らの決めた目標を、励ましこそすれ、ダメだと否定しない。

他にもまだまだあるが……。

（一九九八・五・四　下城礼子）

このメモから、小学生くらいの子どもも一人前として考え、柔軟に暖かく、しかも責任を持たせるなど、子どもを信頼して育てていることが分かります。子どもを一人の人間として尊重し、厳しさとやさしさをもった育て方、日本の私たちには弱いところではないでしょうか。

7 人間らしい動きを歪める経済的活動

人間の主体的活動を抑えるものとして上下関係、支配と被支配の関係をあげてきました。それは歴史的には近世の封建制や近代の国家主義・軍国主義からくるものでしたが、現代は資本主義の経済活動優先からきていることが多いようです。

今日、経済活動は人間の生活を大きく支配しています。企業の支配力・組織力は人間の心の持ち方や考え方にまで浸透しています。大企業が、働く人々や利用者・消費者を人間らしい生活をだいじに豊かにするという面から見ていないことは、NTTが日本電信電話公社という公共事業から私的企業（株式会社）へ変わったときの事業報告にもよく現れています。

◆NTTの事業報告

〔当社（日本電信電話株式会社）を含む企業集団（NTTグループ）の状況を記載しています〕

企業集団の現況に関する事項

○企業集団の事業の経過およびその成果

・事業環境

当事業年度における世界経済は、米国が引き続き堅調に推移したものの、欧州や新興国などでは一部に弱さがみられ、全体として緩やかな回復となりました。わが国経済は、消費税増税に伴い、個人消費など一部に弱さがみられましたが、全体としては底堅く推移しています。

情報通信市場では、光サービスやLTEサービス、Wi-Fiなどのブロードバンドを活用した、スマートフォン・タブレット端末などの様々な機器の普及とともに、ソーシャルメディアやクラウドサービスの利用が拡大しています。通信会社だけではなく、様々なプレイヤーが市場に参入し、サービスの多様化や高度化が急速に進んでおり、こうした動きは先進国のみならず、途上国も含めた世界的な潮流となっています。

・事業の状況

このような事業環境のなか、NTTグループは、平成24年11月に策定した中期経営戦略「新たなステージをめざして」に基づき、グローバル・クラウドサービスの拡大およびネットワークサービスの競争力強化などに取り組みました。

（中略）

○企業集団が対処すべき課題

・事業環境の見通し

世界経済は、米国では引き続き堅調に推移することが見込まれ、欧州においては次第に持ち直しに向かうことが期待されるなど、緩やかな回復が続くと見込まれています。わが国経済は、各種政策が景気を下支えし、底堅く推移していくものと期待されています。

情報通信市場においては、国内外の様々なプレイヤーが市場に参入し、サービスや機器の多様化・高度化が急速に進んでおり、今後、クラウドサービスを中心として変化が一層加速していくと見込まれます。また、従来の事業領域の垣根を越えた市場競争が、先進国のみならず、途上国を含めグローバル規模でますます熾烈になっていくと考えられます。
・中期経営戦略に基づく事業展開
NTTグループは、中期経営戦略「新たなステージをめざして」に基づき、お客様に喜ばれ続ける「バリューパートナー」として、多様なプレイヤーとのコラボレーションを通じて、新たなサービスの創造やビジネス機会の創出に向けた取り組みを継続・強化してまいります。

（以下略）


これを読んでも分かるように、電信電話は、「公共的な通信網」というよりも、国際的市場をターゲットにした企業活動となっています。インターネットやスマホは多数の人を取り込んだ国際的大事業になっています。そのため、競争に勝つことや効率よく利潤を上げることが重要課題で、組織規律、タテの関係が重視され、厳しい労働条件が当たり前になっています。

労働基準法を無視した長時間労働による過労死や、過労うつ自殺も社会問題になっています。自由な休暇の取得など人間らしい暮らしの面では、日本は世界でも低水準のままです。「経済大国」は、人間らしい暮らしという面では、「後進国」と言われるほど低い位置になっています。職場も家庭も地域の活動も大切にしている国の話をきくと、職場で「家庭や地域の用があるので定時に帰宅したい」などとは言えない、日本の職場の仕事優先の異常さが見えてきます。人間をタテ型で管理することが、職場だけでなく学校教育や家庭、子育ての世界にまで広がっています。

8 いじめ、非行と国連子どもの権利委員会「勧告」

子どもは発達のまっ最中、本来は柔軟でエネルギッシュです。その子どもが今、どんな状態にあるか、周囲の人たちとどのような関係にあるかはとても重要です。遊びでも勉強でも、面白くてやりがいがあるなら、子どもは全身で立ち向かいます。子どもはもともと

「知りたがりでやりたがり」ですから、じっとしていることが難しいのです。

エネルギーいっぱいの子どもたちを、何をしたらいいか分からない状態に放っておけば、どうなるでしょうか。当然、思いつくまま目の前の興味あることに向かって動き出すでしょう。

ところが今、周囲は競争や対立が多く、勝つことがいいことのようになっているタテ社会です。ひところは人生の「勝ち組」「負け組」という言葉まで登場しました。競争社会は人間をゆがんだものにしていきます。そこから子ども社会の〝いじめ〟も出てきます。〝いじめ〟や〝非行〟が表面に出てきても、子どもと正面から向きあい、その根本の原因を探ろうとせず、その場の対処だけで済ませることから、自殺する子どもがでてくるほど深刻な状況になっています。文科省や地方自治体の教育委員会はもちろん、学校や警察や親たちも、現代の子どもたちのおかれている状況をよく検討する必要があると思います。

仲間であるはずの級友を〝いじめる子〟や〝いじめるグループ〟がなぜ形成されるのかは、いじめられる子どもの深刻さとともに、〝いじめ〟というゆがんだ行動をする子どもたち自身も、競争社会のひずみが生んだ被害者であるという視点が必要ではないでしょうか。

周囲から〝ああせよ、こうせよ〟と硬い姿勢で迫られると、子どもはどうするでしょうか。自分の主体性を無視されることに反発して、反抗したり、その場から抜け出そうとしたりするでしょう。あるいは聞いているような態度を示していても、心の中では無視している場合もあります。子ども自身の逃げ場のない息苦しさや圧迫感が外に向かって〝いじめ〟や〝非行〟に走る原因になっていくこともあります。ときには主体性を失って〝無気力〟になる子どももでてきます。子どもには主体性を発揮して生き生きと活動できる場と仲間が必要なのです。

ある子どもは、「毎日の学校生活が充実していれば、いじめなんてやっている暇はない」と言っています（朝日新聞・二〇一五年一〇月一二日）。

そのような充実した活動を学校や家庭の外で、実現しているグループもあります。

日本が「子どもの権利条約」を批准したのは一九九四年、世界で一五八番目、国連の採択から五年も経過してからという遅い批准でした。これも日本の政治や行政の子どもに対する姿勢と深く関わっています。この条約は五年毎に実施状況の報告・審査があります。二〇一〇年の第三回目の日本の報告に対する「国連子どもの権利委員会」の最終所見（懸念や勧告）は、日本の子どもの危機的な状況をよく捉えているので、その一部を見てみましょう。

それまでの二回にわたる勧告でも教育制度について「高度に競争的で、子どもの発達にゆがみをもたらしている」と指摘されていましたが、三回目はもっと厳しいものでした。

「子どもの数が減少しているにもかかわらず、過度な競争への不満が増加しつづけている」

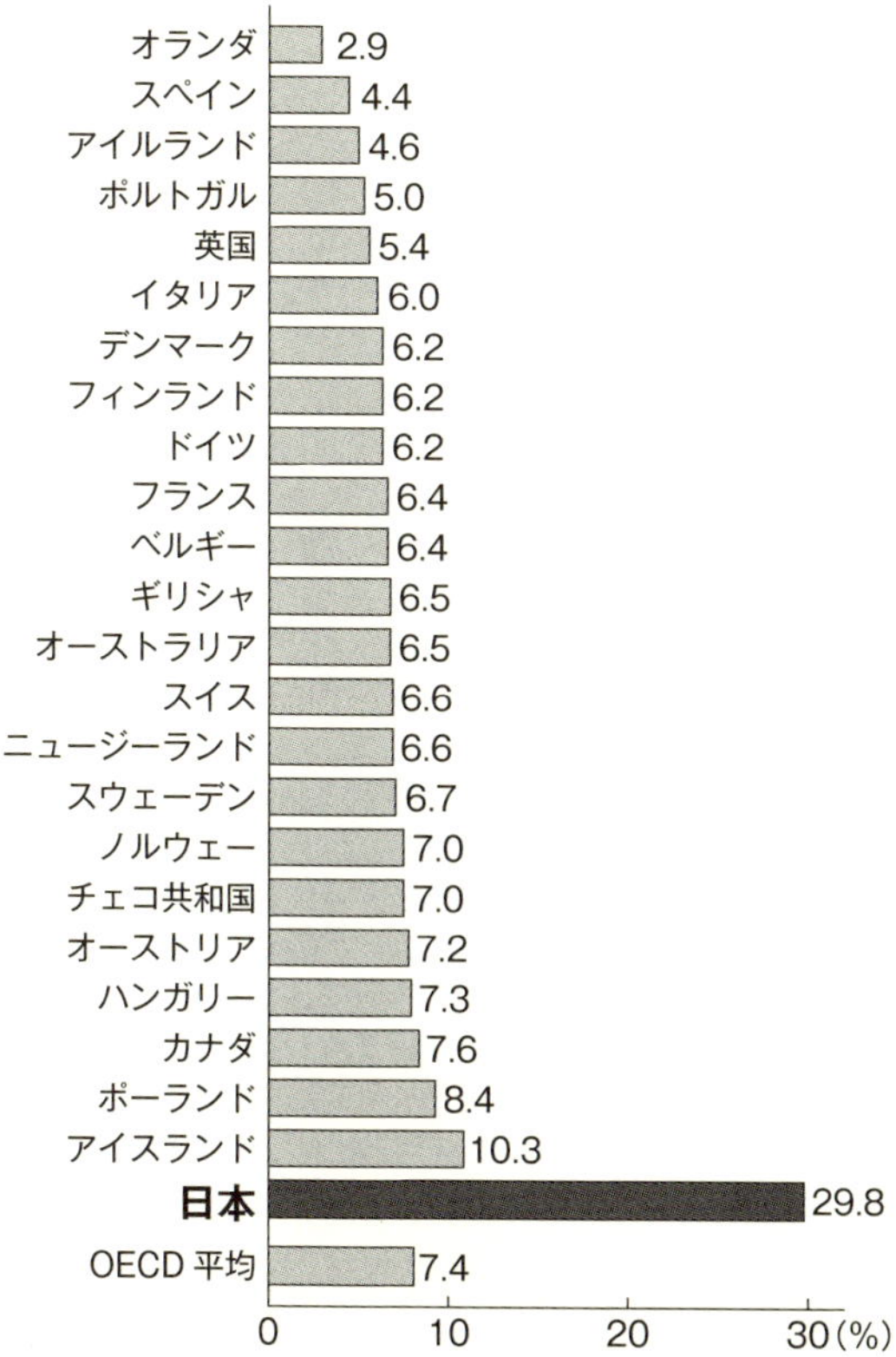

自分を孤独だと感じている10歳児の各国別割合

国連児童基金（ユニセフ）報告書（2007年）から
経済協力開発機構（ＯＥＣＤ）加盟国を比較

「高度に競争主義的な学校環境が、いじめ、精神的障害、不登校、登校拒否、中退及び自殺に寄与している」とあります。そして「驚くべき数の子どもが情緒的幸福度（充足感）の低さを訴えていること」を指摘しています。その理由を「その決定要因は、子どもと親、及び子どもと教師との間の関係の貧困さにある」としています。そして背景にある親や教師、子どもに接する大人の問題を指摘して、その変更・改善を勧告しています。重要な指摘です。

前ページの図は二〇〇七年ユニセフの調査報告です。「自分を孤独だと感じている一〇歳児の国別割合」で、日本は突出していることがわかります。日本には、最も低いオランダの一〇倍以上も「孤独を感じる」子どもがいます。ＯＥＣＤ（経済協力開発機構…ヨーロッパ諸国、日、米、先進三四カ国で成る）平均の四倍です。

私たちは、日本の子どものおかれた現実を厳しく見つめ、真剣に対策を考えなければなりません。教育制度の見直しはもちろんですが、親や学校や保育園の教員が身近で取り組めることもたくさんあります。別項で提起していきたいと思います。

第二章

主体性、つながり、集団活動

1 子どもの主体性、集団の主体性

子どもの目はいつもキラキラ輝いていて、外界の何かを見つめています。自然や周囲の人たちにしっかり目を向け、そこからいっぱい学び取っています。特に年齢の近い友だち、仲間は考えや動きにも共通点が多いので、気になることも多く、そこからの情報もどんどん吸収し、身につけていきます。友だちが何かをしていると気になり寄っていきます。子どもはだれもが〝知りたがり〟で〝群れたがり〟で〝やりたがり〟です。発達まっ最中の人間だから、それは当然のことです。

しかし同じ仲間といっても、年齢や経験が違い、一人ひとり持っている力も違うので、「あれっ」と思ったり、「そうか。よし。私もやろう」などと、学ぶところも多いのです。さらに年齢が離れた兄さん姉さんのような仲間もいると、教えられることも多くなり、異年齢の集団では、活動の質も豊かになります。そして話し合いや相談は、その集団が切実な課題にぶつかったり、やりたいことが明確になってくると、ますます活発になります。

「◇◇をやろう」

「いや、〇〇がいい」

とか、

「こうした方がいいのじゃない?」

というふうに、一人ひとりの「主体性」もしっかりしてきます。集団としてもまとまりが強くなり、集団としての「主体性」も作られてきます。そしてさらに活動の方向が作られ、活動の質はいっそう高くなっていきます。

一時的な単なる「遊び」の段階にとどまらず、行動や探検、旅行、登山など、仕事(労働)も含めた大きな継続的な活動ができるようになり、創造的な活動も可能になります。こうした活動の中で、もう一つ別の考え方もあることを知るとか、仲間のことを配慮するとか、他の人の考え方を理解するなど、子ども一人ひとりも、新しい段階のものの見方や考え方、行動の力を身につけ「発達」を獲得していきます。

そのとき、力の強い者が支配的な、上下の関係が強いタテ型社会の集団では、力の強い人の考えが中心になって活動の方向や活動のしかたが決まります。その場合は、集団の中の一人ひとりはそれに従うという受け身の状態になるので、一人ひとりの主体性は失われ意欲的な活動は影をひそめてしまい、一人ひとりの力はあまり発揮されなくなります。

それに引き換え、みんなで話し合って決める民主的なヨコのつながりでできている集団では、メンバーそれぞれの思いが出されたうえで、総合してまとまった方向で動くので、一人ひとりの主体性が生きています。従って活動の方向を変え、〝もっとこうしよう〟と改善・変更する「柔軟」さを、意識するしないにかかわらず持っており、〝自分たちの集団〟になっているということが重要なところです。

しかし、この〝みんなで決定する〟ということは、気の合ったメンバーの場合は簡単でも、それぞれが別々の考えを持っている場合はそんなに簡単でないことは言うまでもありません。一人ひとりの思いや考えを尊重しながら、集団としてまとまるには時間もかかります。みんなの平等を尊重しながら、民主的に一つの方向を作りだすことがだいじです。時間をかけることで内容が全員の納得となって、決まった取り組みに自主性がうまれ活動が深まります。

その方法の一つとして、ハワイには「ホーポノポノ」と言われるものがあります。参考になるので紹介したいと思います。

❷ ハワイアンの「ホーポノポノ」

以下は、藤森宣明さんの「ホーポノポノ」の紹介文です。

ハワイでもめごとが起きた際、昔から伝わる解決方法「ホーポノポノ（Ho'oponopono）」がある。それは争いを力で解決するのではなく、裁判でどちらが正しいかを争うのでもない。亀裂の生じた関係を通して、精神的に互いの調和を探し求める方法なのだ。この和解法はもともとハワイアンのものだったが、最近ではそれ以外の民族の間でも、何か問題が起きたとき、この方法を使って家族の調和を保とうとする人もいる。

ここではハワイアン式「ホーポノポノ」を、進行順に紹介していこう。

まず、「ホーポノポノ」を行うには、調停に立つ人が必要となる。ハワイ語でその人をウアオ（Uao）という。ウアオは男性でも女性でもよく、家族や地域の中から選ばれる。一般的には家族の中の長老や宗教家など、人間的に成熟していて偏見がなく、「ホーポノポノ」に通じている人でなければならない。ウアオはお互いが話し合いをして癒されていく過程で、最後に言葉を述べる権限が与えられている。大切な役割は、参加者みんなの気持ちをオープンに表現させ、コミュニケートさせることにある。つまり、最高の司会進行役でなくてはならない。

ウアオは家族の状況を判断して、「ホーポノポノ」の日時を決める。何人参加するかもここで決める。参加者は適当と思われる人には全員声をかける。家族、親戚、友人関係から地域の重要な人々まで、その情況によって適当と思われる人には参加してもらう。

決められた日時に会合が開かれ、ウアオは家族に、自分が中に立つことに同意するかどうかを尋ねる。同意を得た後、会合の目的を説明し、問題を起こした双方の言い分を説明する。そして、プレというお祈りをして本番となる。

本番ではまず、参加者に起きたもめごとを再現させる。感情を表に出すように仕向け、怒ったり、泣いたり、笑ったり、ひとしきり感情を出したのち、抱きしめ、キスをかわして互いの溝を埋め、絆を確かめさせる。最後にウアオはお互いに許し合うよう求める。ここまでの過程が短いか長いかは、それぞれの場合で違うが、とにかく家族が納得するまでは続けられる。

この〝納得するまで続けられる〟という点は、お互いの関係、繋がり方、集団のあり方をよく示していて重要なところだと思います。誰かが結論を出したり裁定をしたりするのでなく、構成員のそれぞれが尊重され、主体性をもっていて、お互いが平等で柔軟という集団なのです。そこのところが、力や上下の関係が軸になっているタテ型の集団とは、基本的なところから異なっていることを強調しておきたいと思います。

最後に、ウアオは家族に儀式を終えても良いかを尋ねる。いいと答えたら、祈りの儀式と言葉を述べて終了。「ホーポノポノ」の後には、適当な食べ物や音楽が供されることが多い。タロイモやそれで作ったポイ、その他ハワイアンの伝統的な食べ物を、家族そのほかの参加者と一緒に囲むのだ。こうした宴会は、家族や地域の人々の絆を深めるものである。（以下略）

（藤森宣明「ワールドカルチャーガイド1」『トラベルジャーナル』より抜粋）

※藤森氏はハワイ・カウアイ島ワイメア東本願寺住職。
この文は二〇一一年三月京都ＹＭＣＡの講演会で配布された資料の一部です。
※日本のアイヌの人々にも、「ホーポノポノ」と同じように「ウコチャランケ」という話し合いで物事を決める方法があるそうです。参議院議員だった萱野茂さんの本には「ウ＝互い、コ＝それ、ランケ＝降ろす…であり、つまりお互いに持っている言葉をそこにおろし、公正に判断しようというのが本来の意味なのです」とあります。

この最後の部分にある、食事や音楽や宴会が集団の人たちの絆《きずな》を深めるのに大きな役割を果たしている、という点も注目したいと思います。いっしょに歌うとか食事をするとか、ゲームを楽しむなどの時間も、お互いのつながりを強め、深める働きをしているのです。その意味は大きいです。

しかし、食事や宴会などは、力関係、上下関係の支配的な集団では、歪んだつながりを強めたり、だいじなことがいいかげんになることも多いから、集団の根幹の質が重要です。

3 お小遣いで考える親の課題

ある親の会で、子ども の〝お小遣い〟が話題になったことがあります。一人のお母さんは「お金を渡さないで必要な物は親が買って与える」と言いました。つまり、子どもにお金を持たせないという方針なのです。またあるお母さんは、「子どもが不必要な物を買ったり無駄使いをするといけないので、〝お小遣い〟は少額にしている」と言いました。また別のお父さんは、「自分でお金を管理する力をつけることがだいじだと思うので、毎月、少し多い目の額を渡し、残ったお金は貯金するように言っています」と言いました。どれが良い方法なのでしょうか。

子育て中の親には、次々とこのような問題が突き付けられます。いや、大人になっても、選択・決定を迫られることは絶えず起こってきます。考えれば人間、生きるということは、選択・決定の連続で、そのことがその人の「主体性」の具体的な現れです。自分で選択や決定をせずに、上や外からの意見に従うのは「主体性」を失った状態だと言えます。

以前の通りでよいとか、どこかに書いてある通りでよいという場合でも、その人が主体的に判断して、その選択・決定をよしとしたのなら、その人のものです。

子どものお小遣いをどう考えるか、お小遣いの範囲をどう考えるか、渡し方をどうするかについても、一方的に親の考えで子どもを従属させると、それは上下の堅い関係、子どもを人間として尊重しない関係を強めてしまうことになります。

子どもを尊重して、親の考えを提示しながら「柔軟」に話し合い、お小遣いのあり方、使い方を子どもと共に決めていくこと（発達段階によって形は異なりますが）、また変更して発展したものにしていくことがだいじです。そうしてこそ子どもはお金について「主体的」に考え使い方を身につけます。親は子どもに「主体的」に考え行動する力を育てていることになるのです。他のことについてもこの考え方は重要だと思います。

ここで子どもの主体性と認識の発達と文化の学習の問題を、〝子どもと親とお金〟という問題で考えたいと思います。

① 柔軟

幼い子どもは、親が硬貨やお札、財布を扱うときの丁寧さ、一つ一つ、一枚一枚を扱うときの慎重さを見て、ほかの何かとは異質の重みを感じとっています。意味や価値がわからなくても心や目が「柔軟」であれば、何か感じ取ります。

けれども日常の親子関係で「コレ！」とか「ダメッ！」などと、硬い一語文で注意されたり叱られたりしている子どもは、ビクッとして硬直化することが多いので、心や目が硬くなってしまい「柔軟」でなくなります。お母さんがちょっと気を遣っていることに気が付かず、関心を持ちません。発達のきっかけ、発達の芽が生まれないのです。「発達」には日常的な「柔軟」が必要です。

②連結・見通し

関心が生まれると、子どもの目はしばらく継続して見続けます。するとお母さんのお金の扱い方は、食べ物や玩具を扱うときとは違うなと分かります。「あのお金は財布にしまわれるだろう」とか、「あっ、財布を出した。お金が出てくるぞ」と「連結」（見通し）を持つようになります。目がキョロキョロと動いて気持ちが落ち着かない子どもは、そうはいきません。「連結」（見通し）がなかなか生まれません。

③「一次元」の認識

そのうちに具体的な硬貨やお札が分かるようになります。これが十円玉だ、これが千円札だ、これがお金なんだと。これを「一次元」の認識といいます。

④「二次元」の認識

そしてお金というのは、他の野菜や洋服などの「物」と違った「もの」だということが分かるようになります。これは「二次元」の認識です。

さて、「お小遣い」というのは、単なる「お金」ではなくて、親が子どもに与えた一定金額の使用権とでも言える性格を伴っています。与え方や使用する範囲や使い方は、子どもの年齢や家族の方針などによってさまざまです。先に三人の親の発言を例にあげたように、いろいろな考え方があります。一人ひとりの親、一人ひとりの子どもによって、「お小遣い」に対する認識は相当異なるところがあります。「お小遣い」に対する「考え方」の明確さも、今、①~④に示した（「お金」の）ように、漠然としていたところから、成長に従ってだんだん発展してきます。

共通認識、共通理解をつくり出す

何も「お金」や「お小遣い」に限ったことではありませんが、お金やお小遣いには、目に見えない抽象的な内容、意味があるので、言葉の意味がある程度分かるようになっていないと、しっかり分かり合えるところまでいきません。幼い子どもには漠然としか分からないのです。けれども周囲の人の動きを見て、一人ひとりが子どもなりに感じ取っています。その周囲の一人ひとりの動きには、その「集団」の持っている「文化」が具体的に現れていますから、幼い子どもはそれを感じ取り、子どもなりに「お金」とはこんな意味のものだとイメージを作っています。

お金など小さい子どもに見せるものではない、さわらせるものではないと、親や家族が考えている、つまりその家族の文化が子どもとお金を切り離していると、子どもは少し大きくなってから突然、白紙のような状態で「お金」に接することになります。しかし、子どもが「お金」に関心を持ち始めたときから、「これは〝お金〟でだいじなもの」とか、「これは買い物のときに要るの」などと、話をしているところでは、その子どもなりに、〝オカネ〟って何だろうとか、〝ダイジ〟ってどういうことだろう、と考えたり、親が買い物をするときの様子をよく見ているというような発展をしていきます。

子どもが大きくなっていくと、抽象的な見方が加わってくるだけに、「お小遣い」についての認識は、親子で丁寧に話し合わないと、親が考えている「お小遣い」と子どもが考えている「お小遣い」の意味が食い違ってくることがあります。親子が話し合い、分かり合って、具体的な「お小遣い」の金額や渡し方や使い方を決めていきます。実際に親と子どもの経済的な関係をどう作り上げていくのか、つまり、こうして家庭の「文化」がつくられていくのです。

4 生活を共にする集団と一時的集団

家族は日々の生活を共にしています。その中の一人が大きなケガでもすれば、日々果たして来た役割が変わるので、補い合い支え合って、みんなで何とかして生活を維持していきます。集団による活動も、家族の営みと似た部分があります。何か取り組みを企画し、目標をたてて、みんなで〝よっし、やろう〟と活動する集団は、例えば高い山に登るとか、自然の中ですごすにしても、キャンプのテントや食料をみんなで分け合って持ったり、支え合い、共同で活動し、取り組みを成しとげます。そのとき、歩くのが困難とか、目が見えないなどの障害のある人がいる集団を考えればよく分かります。早く行こうとか、人よりうまくやろうとか、周囲の人たちに負けたくないという、厚かましい願いは持っていません。ただ、気持ちよく仲良く活動できることがだいじで、そのことがみんなの喜びになります。うまくできたり盛り上がったりすれば、それはもう大成功、みんな大喜びになれます。

ところがこのような集団と違って、外から与えられた課題のある集団では、うまくやるとか、早く完成するなどの期待や強制があって、うまくいかないと責任を問われたり軽蔑される心配が生まれ、一人ひとりに圧力がかかってきます。すると、集団の中に矛盾や対立が生じます。見通しや目標を硬い課題にし、柔らかい共同の中へ硬い矛盾や対立を持ち込むのがタテ、上下の関係です。いろいろの場でよくあることですが、これが人間らしさを抑え壊す社会を作り出している元凶です。子どもの中のイジメや暴力もこの上下関係が作り出していると言ってよいと思われます。

反対に外から課題が持ち込まれない子どもたちの遊び仲間では、腕力によって威張るボスがいなければ、遊びも活動も話し合い共感しあって楽しく活動します。しかし周囲の生活に上下関係の秩序が広がり、家族や学校にまで浸透している社会では、一人ひとりを平等に尊重する、民主的なあり方を守るために、大人たちの意識的な努力が必要になってきます。

子どもたち一人ひとりの主体性をだいじにして、活動する子ども集団や子ども組織は各地にあります。そこでは大人も子どもも、伸び伸び自分を出し合い、話し合いで決定していきます。子どもたちはすばらしい力を発揮します。私の地域の子どもたちとの関わりでも、楽しいことがありました。次の項でその実例をあげてみたいと思います。

5 地域で生き生き、子どもたちのプールの掃除

子どもは本来、発達まっ最中で生き生きしています。じっとしていられないのです。廊下は歩くより走って行きたい、道を歩くときも元気におしゃべりしたり、手をつないでスキップしたり……。群がって遊び、探検したり物を作って遊んだり……。この元気な子どもたちに「こうせよ」「これはダメ」「これは◇◇と決まっているのだ」と、外からの枠に閉じ込めるように上から拘束すれば、子どもは自分の主体性が発揮できず、元気な活動を抑えられて、屈折した気持ちや行動にいきつかざるを得ません。

地域には学校や堅苦しい家庭のような拘束がありません。

地域はいろいろな人が一緒に生活している場です。いろんなことが起こり、いろんな行動が必要になり、一人ひとりが主体性をもって考えなくてはならない場です。いろんな個性、クセを持った人と共同して暮らしていく、暮らしていかなくてはならない場です。どのような暮らしを作り出すかを一人ひとりが主体的に考え、行動し、みんなといっしょに自分たちの地域に住むという、民主的な地域づくりも、現代の課題であると考えます。

わざわざ改めて〝民主的な地域づくり〟などと言わなくても、お互いを尊重した関わりやつながりを発展させて活動していると、結果的に民主的な地域づくりができています。それは次の小さな例でも明らかです。

個人や集団が、自らの行動の課題・目標をはっきりさせるところを具体的に見てみましょう。

「ちびっこプール」と夏休みの小学生

私の家の近くに小さな公園があり、そこに幼児の水遊びのための〝ちびっこプール〟がありました。市民の要求で、京都市があちこちの公園に設置しました。そのプールの管理・運営を私が地域の人に頼まれて、前任者に代わって引き受けていました。

ある日、真夏の暑い日ざしの中、プールで楽しく遊ぶ幼児を、フェンスの金網をつかんで見ている小学生が三、四人いました。私が親たちに頼まれて学習クラブのようなことをしているグループの子どもたちでした。翌日も来ているので、私は声をかけました。

「暑いね。水に入りたいだろう」

「うん」

その子どもたちも一、二年前まではこのプールで遊んでいた懐かしいところです。

「毎日、プールの掃除を続けてするんだったら、プールの水に足がつけられるよ。毎日続けて来れるかな？」

と持ちかけてみると、お互い顔を見合わせてちょっと話し合っていましたが、すぐにさっとどこかへ行ってしまいました。しばらくすると戻って来て、

「掃除をやります」

という返事でした。この場で相談しないでどこかへ行って相談してきたのです。私の見ている前では、自分たちが気楽になれない、気楽に相談するには、自分たちだけでないと、ということで、どこかで本当の気持ちを出し合って話し合い、決定してきたのです。

必ずしも引き受けなくてもよいという気軽さ、他の誰もがいないところでの本音を出せる状況が、自分たちに本もののこの決定を生み出したように思います。自由な雰囲気「柔軟」な状態が、いろんな条件を結びつけて（「連結」）、決定を作り出す（「一次元」の決定、他の条件をも考え合わせたうえでの「二次元」の決定）ことができる、一人ひとりの主体性が生き生きして決定ができることを示しているように思います。そして、この集団は集団の主体性を持ったということも言えるのではないでしょうか。

私がアレコレ細かく言わないでも、少し説明しただけで丁寧に掃除をするのには驚きました。自分はここの掃除をするのだ、という自覚の強さを感じる意欲的な仕事ぶりです。

自分の背丈ほどもある箒《ほうき》や大きいブラシの持ち方、使い方にとまどっているのを、私が少し口を添えると、もう懸命に仕事をしていました。何だか動くことが楽しい、そして新しいこの取り組みが面白いというところもあったようです。それはアルバイトで掃除をしていた高校生の義務的受動的な仕事ぶりとは大きく違うものでした。

それに、次の日には友だちを誘ってきたので人数も増えました。上級生も来ました。すると、掃除の質がぐんと変わり、

「この木の枝は邪魔だから、このあたりから切ったらどうですか?」

「フェンスのここの汚れはどうしたら落ちるかなあ」

と、こちらが対応に追い立てられる状況が出てくるほどでした。同じ掃除をするにしても〝よし、小さい子どもたちのためのプールの掃除だ〟と社会的な意義を感じてする場合には、こんなにも積極的意欲的になるのだと、子どもを見る目が変わるほどの、彼らの仕事ぶりでした。子どもたちも、日常は子ども扱いされ、作られた道を受動的に歩かされ走らされていることが多いので、自分たちが主体性をもって小さい子どもたちのために仕事をするということになると、気持ちも変わるのです。

さらに驚いたことには、何日目かからお母さん方が数人、交替で参加されるようになったのです。もう私が引き受けてやってきたそれまでの〝幼児プールの管理・運営〟の域を

ちびっこプールには、だんだん大人の参加者が増えてきました

越えて、それは地域の住民共同の取り組みに発展してきたのです。大きな質的な変化です。この背景には、母親たちが子どもの活動をよく見ていることがあるように思われます。子どもたちも自分たちのやっていることを楽しそうに家庭で話したのでしょう。それを聞いた親たちも他人事ではない、自分たちの地域にある幼児（と保護者）が利用する施設、自分たちも利用してきた施設、それに子どもが関わって仕事をしているなどと考え、それを自分たち地域住民の課題として捉え、参加・共同の方向で（主体的に）話し合い、行動に発展させたということがあります。もちろん、その親たちの話し合いの軸になった人やその考え方、果たしている役割なども重い意味を持っています。

そこには、一貫して〝ちびっこプール〟のあり方を「柔軟」に考え、単なるプールの維持、プールの掃除ではなく、地域の生活の中の施設としてみんなが積極的に関わるという、「主体性」をもった「柔軟」な「考え方」「行動の発展のさせ方」がありました。

このような取り組みの中で、子どもたち一人ひとりが、いろいろなレベルの活動を身につけ発達を獲得していくことは当然です。仲間との連携、話し合い、まとめ、決定、実行していく中で、「柔軟」「連結」「一次元の決定（これだ）」「一次元の可逆操作（〜でない、と否定する）」「二次元の操作（〜しながら〜する、と両立させていく力）」また「二次元の可逆操作（〜だけれども〜）」などの力は絶えず必要になり、それを使う場面にぶつかって、その力を（主体的に）行使し、より高い力の使い方を身につけていくのです（この発達の階層については別項で説明します）。

「柔軟」な場、強制されない自由な場だからこそ、いつも「主体的」に自分の力を行使できます。主張する力についても、仲間との食い違いをどのように結びつけ総合するかを、自分の中でも、また集団のレベルでもたえず考え、学び取り、そして「発達」していきます。発達まっ最中の子どもたちだから、その一瞬一瞬が、学習と発達の連続です。

「あれ、このやり方ではダメなのかな」

「あっ、あの人、あんなやり方をしている」

「そんな考え、おかしいと思うけど、どうしてそんな考えになるのかな」

「少し嫌だけど、今は辛抱して一緒にやっていこう」

というような具合です。

もし、集団が硬直化していると、「こうしなさい」「こうすべきだ」「これはいけない」などと、決定したルールが押しつけられ、子どもたちが自分で考えたり工夫する余地がありません。それでも子どもは実は発達まっ最中なので、心の中でいろいろ操作をして自分なりに主体的に学習し発達をしていくのですが。

従う子どもが〝良い子〟で、自分で考え主張する子どもは、否定され押さえ付けられるようなやり方、考え方が広がっていないでしょうか。学校やクラブや家庭で、子どもの「主体性」が尊重されているか、改めて見直してみることが必要ではないでしょうか。

プール掃除から紙芝居づくりへ

付け加えますと、この一、二年生の子どもたちのグループは、学習活動の中で「二人で一組になって大きい紙に大きい絵を描こう」という取り組みをしました。すると「物語りのある絵にしよう」「それなら紙芝居を」と課題が具体化し、大型の紙芝居を作りました。その作成中から、「ちびっこプールの子どもやお母さんたちに、この紙芝居を見てもらおう」という提案が出て、それが実現しました。

ここまで発展してきた一連の活動を見ると、子ども一人ひとり、その集団も外から強制されずに、自分（たち）で決めていくという主体性がはっきりしています。そして硬い枠にはまった学校や学習グループではできない「柔軟」さと、他の活動と自由に結びつく「連結」が生きています。「地域」は学校や塾のように目的をもって作られた場ではなく、毎日一人ひとりが主体性をもって工夫し生活している場です。それは自然や多くの人たちの生活・活動とぶつかったりつながったりする変化の多い場です。バーチャルな学習の場でなく、本ものの「場」です。

だから子どもたちの活動も、言われたからやっているとか、このくらいやればいいだろうという他人事のような姿勢でなく、「やりたい」という主体性がはっきりしています。それが子どもの活動の質をぐんと高めることに、私も改めて目を見張る思いでした。ち

わされました。

紙芝居の準備会で熱心に発言する子どもたち

びっこプールで上演することが決まると、紙芝居の絵を描く丁寧さも、物語のスジを明確にする話し合いも、急に進んだことに驚かされました。学校や塾などの取り組みは、何だか点数が上がればいいという、小さなことにはまり込んでいるようにさえ思えました。

子どもたちが自分から分担を決め、紙芝居を持つ係、物語りを読む係のセリフの分担などが、楽しくスイスイと相談で決まっていくのです。上演当日も、それまで聞いたことのないようなはっきりした声でセリフを言うのにびっくりするほどでした。一人ひとりが真剣なのです。協力もすばらしいのです。その小さな一つ一つが子どもにとっては大きな学習です。子どもたち自身が少し高いレベルに挑戦し、新しいレベルの力を獲得しているのです。「勉強せよ」「これを覚えよ」「これが分かったか」と、受け身でやらされている活動では、子どもたちはこんなに生き生きすることはできないことを思もちろん、本ものの場ですから何が起こるか分からない、またうまく行かないこともたえず出てきます。それと向き合うのが本当に生きる、「主体的」に生きることですから、本ものである地域の生活の中の活動は、子どもたちにとって必要な学習・発達の場です。私たちは、「こうせよ」「これが分からないのか」と、作られたレールの上を走らせるような、上から目線（封建性？）の子育てに陥っていないか、いつも気をつける必要があります。

6 子どもたちがつくる「子どものまつり」

プール掃除は、社会的な意義のある活動なので、子どもたちも親たちもやり甲斐を感じて、意欲的になった面もありますが、特にそういう意義を持たない〝遊び〟のような活動は自由なので、子どもはもともと意欲的です。子どもは遊びが大好きです。大人も遊びは大好きです。

書や絵画、陶芸、俳句や短歌、詩作などの創作活動、魚釣りや登山、旅行など、広く考えれば、遊びは外からの拘束のない自由な活動、創造的な活動で、人間誰もが望んでいるものです。ただ時間的に仕事に拘束されたり、場所や経済的な理由など、余裕がないからできないでいることが多いのです。「遊び」は文化であり人間らしい要求なのです。

発達まっ最中の子どもはとくに遊びを求めています。そしてその仲間をも求めています。ところが最近の子ども事情は、勉強やクラブ活動、おけいごとなどに拘束される時間がどんどん増え、場合によってはほとんど遊ぶ時間がない状態、自由な時間が持てない状態になっています。

「遊んでないで勉強しなさい」という言葉に象徴されるように、遊びが何か後ろめたいことのような見方が、親にも学校にも社会にもあります。しかし、子どもたちは遊びの中でこそ、多くの生きた経験をし、学習していろんな力を身につけるのです。

遊べる「場」を作り出すことが、今の子どもたちに、とてもだいじな課題になっています。ルールがいっぱいの堅い枠に囲まれた狭い「場」でなく、自由に活動でき、問題にぶつかれば柔軟に変化ができる、「自然な（普通の）遊びの場」が必要です。

遊びの場で、リーダー的な役割をはたすメンバーの身につけている文化が、力によるタテ社会の文化か、柔軟なヨコ社会の文化なのかによって、その集団の質が大きく異なってきます。大きな役割をはたすメンバーの身につけている話し方、行動のしかた、考え方は、そのメンバーを育ててきた集団の文化です。本書の最初に述べたように、人間は「体外情報型」の生きもので、文化は社会の形に影響されながら継承され発展してきたのですから。

一人ひとりの人間は、個性を持ち、どこか少しずつ違うところがあります。だから文化は機械的あるいは図式的な形のまま継承されるのではなく、その人なりに受けつがれ継承され発展します。集団も同じです。集団の場合は、人間の多様なあり方から起こる食い違いや矛盾と、一人ひとりの人間の克服のしかたの違いなどによって、ますます多様化し、全体として豊かさを増してきます。

新しい遊びや小屋作りなど、共同作業の必要な遊びを提起しやすいのは、一人ひとりが主体性をもって行動しやすいヨコ社会系の集団です。この柔軟な集団では、少し違った取り組みや新しい活動が提案されると、やりたがりのみんなですから、

「それはどんなの？」「一度それをやろうや」

と歓迎されたり、少なくともやるかやらないかを、一人ひとりが主体的に考えます。そして、みんなの意向をどうまとめるか、という集団的な取り組みをすることになります。だから指導員や大人からの「柔軟」な提起が、期待を持って受け止められる状態でもあります。

前述した〝ちびっこプール〟のある公園では、その前の年に、ほとんど子どもたち自身の力で「子どもまつり」をやったことがありました。公園の隅にある小さな児童館（第二種児童館と言われていた。現在はもう撤去されてなくなっている）には、放課後の小学生が何人かきていました。ある日のこと、置いてある遊具にも、仲間との遊びにも飽きたのか、四、五人の小学生がかたまっておしゃべりをしていたのです。その日は、ときどきしか顔を見せない五年生の男子がいたので、私はちょっと大きい話を持ちだしてみました。よそで催された「子どもまつり」の話です。

私はこの公園でも「子どもまつり」ができないかな、と思っていたので、いろいろ準備や工夫を詳しく面白く話して、

「ここでも〝子どもまつり〟をやらないか」

と提案してみたのです。三年生、四年生の子どもたちは、

「やろう、やろう」

と、すぐ飛びつきました。子どもたちはいつも新しいことには目を輝かせます。〝知りたがり〟で〝やりたがり〟です。でも、私が期待している肝心の五年生の子どもは、なかなかやろうとは言いませんでした。三、四年生の子どもたちは、自分のやりたい気持ちをそのまま出したのですが、さすが五年生くらいになるといろいろ考えるのです。「二次元」

あるいは「多次元的な」思考活動が活発になってきているのです。

「どうしようかな。やってみたいな。でもこんなメンバーだと自分がいろいろ仕事を引き受けなくてはならないだろうな。でも面白そうだし、やりたいな」というように、彼も多分そんなことを思案したのでしょう。みんなから、

「どうするの？　面白そうだしやろうよ」

というような顔で見つめられて、ということもあるでしょうか、しばらく考えてから、

「やろう」

と言いました。

このとき、脇から大人が「これは面白いよ」とか、「やろうよ」などと働きかけると、その子どもは参加を決めたとしても、大人の力に頼ったもので、自分が主体的に決めたものではなくなります。ですから本人が決めるまでの〝待つ時間〟というのが大変重要です。このとき、他の子どもたちも、あれこれ言わないで待っていることができたのも重要なことです。ここには一人ひとりを尊重する、待つという空気（文化）が集団としてあったのです。「主体性」の尊重は、こんなとき、こんな形で現れます。

よその町の「子どもまつり」の話をするにも、ほんとうの様子やだいじなポイントを伝えたい、知ってほしいという気持ちはだいじですが、押し付けのない柔らかさ、ゆとりが

必要です。聞いた子どもたちがどう受けとめるか、どんな気になるかは、子ども自身のことです。大人の希望や熱意が押し付けにならない配慮が必要です。あくまで、子どもを一人の人間として尊重することです。子ども自身が「主体性」をもって思索や行動をすることこそ、私たち大人の願いであることを忘れてはならないと思います。

〝まつり〟をしなくても構わないという「ゆとり」をもってよその町の話をするから、子どもたちは「やってみようか」「やりたい」「やろう」と言い出したのです。実際、この子どもたちの「主体性」が、次々と積極的な活動を生み出しました。

相談は遊びのように楽しく進められました。S君は、いつするか、どんなことをするかと積極的に発言、みんなをリードし始めました。相談するほど〝やる気〟は盛り上がります。大人がリードしてもこうはいきません。子どもたちが主体的に自由に発言し、あのゲームをやろう、そのゲームの係は誰がするのかと、次々と決まっていきます。

「私は受付をする」

「私も受付」

と声がでて、三人の女の子が受付の担当に決まりました。

「会場に大きく〝子どもまつり〟と書いて張り出すと、だれにもよく分かる」

と、私が話をすると、N君は少し考えながら、

「ぼくがつくる」

と言いました。みんなが次々と積極的に役割を引き受けていくので、N君はその勢いに背中を押された風でした。

子どもたち自身が計画を練り上げていく中で、〝まつり〟のイメージが見えてきて、集団の気分も盛り上がってきました。大人が口を出さない方が、子どもたちの「自分たちでやるのだ」という気構えが強くなります。

私は、「うん、いいな」とか、「えっ、それ、だれが世話するの？」くらいの言葉かけで十分でした。いや、それ以上口を出さないことが、子どもたちの力を育てるのです。子どもたちを尊重し信頼することが重要なことなのです。

〝まつり〟で取り組むゲームや遊びは、児童館や日常の遊びで経験したもの、受付の仕事は、他のところで見た経験があったからこそです。つまり知っている範囲内であることは当然です。何か新しいものをやろうとすれば、外から学ぶか新しい発明をするかが必要になります。そんなとき「文化」を身につけた人との共同の営みが必要になります。大人や青年や親が、そのような役割を果たすことが多いのですが、もちろん子ども同士の間でも、他の子が知らないことを知っていたり経験している子どもがいるので、互いが情報を出し合って学び合う活動が起こります。

「〝ころがしドッジ〟はどうか」

と言い出した子どもがいました。公園の立て札に「ボール投げ禁止」と書かれているので、ボールゲームをやりたかった子どもたちがあきらめかけていたときのことです。

「えっ、それはどんなにしてやるの?」

ということで、知らない子どもも〝ころがしドッジボール〟というゲームを知りました。こうして子ども同士も教え合い学び合って成長・発達しているのです。子ども同士の関わり合いは絶えず盛んに行われていますから、その量も多く、発達段階も同じか近いので、とても重要です。交流や活動が活発ならば「集団の文化」もどんどん高まっていきます。これは悪いことや反社会的な行為でも、集団の中ですぐ広がることでも明らかです。

さて、〝ころがしドッジボール〟は公園内でしてもいいのだろうか、という問題です。

「えーっ、いけないの? よその人にボールがぶつかることもないのに」

「いや、ボールはいけないのじゃない?」

と、考えが分かれ、みんなの顔が私の方に向きました。

私も困りました。そんなに広くない公園でのボール遊びは、他の人の迷惑になることも多いのです。まとまって地面の上を転がすだけなら、せっかく子どもたちが「子どもまつり」を充実させようとしているのだから、「周囲に注意を払ってなら……」とか、「ボール投げは禁止だが〝ころがし〟の程度なら許されるのでは……」と考え、そんな思いを子どもたちに伝えました。

このような遊びに限らず、私たち大人も生活の中で、決めかねる事例によくぶつかるものです。子どもたちもこのような境界線付近の複雑な問題の中での決定を経験して、学習することになります。〝まつり〟当日のゲームの進行は、なかなか気を使った配慮のあるものでした。このような行事をとおして、微妙な問題に「柔軟」に対処していくことは、大人の我々も子どもたちも日々やっていることではないでしょうか。ただ決められたレールの上を走るように与えられた、決められた活動をきちんとやる、それができれば良いと、子ども扱いされた活動との違い、本ものの活動のだいじなところです。

子どもたちがワイワイと話し合って計画した「子どもまつり」がどんなものになったかは、次の記録を見てください。

◆「子どもまつり」についての記録・ニュース

去る一月九日、北町公園で子どもたちがつどい、寒さを吹き飛ばすパワーで遊びました。おとなも子どもも一緒に打ち合わせをしました。

その中で、日程や遊びの内容、宣伝方法など、子どもたちがいろんな意見を出してくる姿にびっくりしたり感動したり……。ポスターやカード作りなどもすべて子どもたちの手作り。

当日、遊びの内容は、ＵＦＯ（紙飛行機のようなもの）作りとその飛ばし大会、羽根突き、ロープ引き、大縄跳び、転がしドッジ、特に大勢の子どもたちならではの大縄跳びや八の字跳びは、とっても高度でスピーディ。

五歳くらいの幼児も大縄跳びをやりたいと挑戦。おチビちゃんの順番が回ってくるたびに流れはストップするものの、小学生が小さい子どもたちを見守って、ゆっくり待っている姿がとてもほほえましく、心が暖かくなるひとときでした。（地域のニュースから）

子どもの力はすばらしい。

今まで気づかなかったことをいっぱい教わりました。

取り組みの時から、子どもも大人と同じようにアイデアを出し、意見を言い、そして準備、実行。ポスターやチケットづくり、受付もみんな子どもたちの手でやりました。回を重ねるごとに上手にできるようになり、こうして子どもたちはいろんなことを体験し、意見をぶつけ合って成長していくんですね。

恥ずかしながら、私の子育ての中では、片付けない、危ない、時間がないなどの理由で子どもに何もさせないことの多いこと。

近ごろの子どもは言ったことしかできない、自分で考えて行動できない、等々と言われますが、それも当然のように思います。そういう成長の場が与えられていないのですから……。（M・A）（このグループのニュースから）

当日も中心になっていたN君が、大きな大きな紙に「子どもまつり」と大きく書いて持ってきたのにびっくり。また、自転車で来る子どもたちが多いのを見て、S君が、「僕、駐輪場の係をやる」と駆け出して行き、会場の一角にみんなを誘導し、自転車をうまく整理した手際に、またびっくり。そして、お母さん方数人が〝餅つき〟で参加されたのに、またまたびっくりしました。子どもたちの手伝いをしようというのでなく、自分たちのできることで参加し、〝まつり〟を盛り上げようという、考えた関わり方に感動しました。

子ども、大人、それぞれが主体性をもち、意欲的に行動し、共同して盛り上げ高める、という姿勢や行動力が集団的なものになってきたのです。嬉しいことでした。

7「あっ、ガラスを割ってしまった」

ボーリングゲームをしているとき、B君がコントロールをせず力任せに投げたので、ボールは空を飛んで奥のドアにぶつかり、ガラスが割れて床にいっぱい飛び散ってしまいました。みんなの顔が私の方に向いてきました。どうしたらいいのかな、という顔です。

私は、

「えらいことやっちゃったなー」

と、意識して静かな声でゆっくり言いました。そして、

「今、何をしなくちゃならんかな」

と子どもたちに、自分たちの問題であることを自覚し、考えるように問いかけました。子どもたちは、ともすれば自分たちで考えず、大人の指示に従う甘さが（日本では）普通になっています。また、大人もすぐ子どもに、「ああせよ」「こうせよ」と指示を出してしまいます。これが現在の一般的な大人と子どもの関係です。私はそのことが以前から気になっていたので、この小児童館での子どもたちとの関係も、子どもを一人の人間として尊

重し、それだけに自分たちのことは自分たちでやるという考え方で関わっていたので、問題を子どもたちに返したのです。

子どもたちも一瞬黙ってしまいました。それぞれが考える時間に、私もどう対処すべきか、頭の中でいろんなことが浮かび巡り出したとき、子どもから声が出ました。

「ガラスの掃除をしなくては！」

私も、まずはそれだと思いました。子どもの方が、自分のこととして具体的にすぐ答えを出したのです。大人の私はその後のいろんなことを頭に浮かべ、すぐには答えが出せなかったので、助かりました。

みんな「そうだ」とまとまり、ガラスの後始末と掃除にかかりました。私はそのときの子どもたちの動きがたいへん真面目で、きちんと後始末をしなくてはという気持ちで意欲的だったのが、強く印象に残っています。言われたから嫌々という動きではなかったのです。

ところが、数分後、ガラス戸を壊した当のB君がサーッとその場から逃げ出したのです。自分のやったこと、それをみんなが自分たちのこととして後始末に動いているので、いたたまれない気持ちになったのでしょう。いや、もう少し振りかえると、B君はボーリングゲームのときも、みんなと一緒に楽しんでいるのでなく、自分がやりたいことをやりまくっている、自分本位の勝手な遊び方をしていたように思われます。ルールなど邪魔で、やりたい放題がB君の遊び方、楽しみ方だったのでしょう。だから、後始末や掃除をみんなと一緒にやるなどは、自分の世界にはなかったのでしょう。でもそんな考え方やり方は、みんなと一緒に遊ぶ楽しい世界を壊すものです。

こんな考え方や行動がB君の身についているのは、彼の周囲、学校や家庭や遊び仲間のあり方、つまり周囲の集団の文化がそうなっていたからだと思われるのです。家で〝おやじ〟が、家族みんなのことを考えずに、自分の思いどおりやりたい放題をやっていたら……、母親や学校の先生が、子どもたちには、「毎日勉強せよ」とか「小さい者をいじめてはいけない」と言っているのに、自分は勉強しないで、小さい子どもを困らせいじめるようなことを言っていたら……。その場限りの言いたい放題、やりたい放題がその家庭の「文化」になっているとすれば……、言いたい放題やりたい放題の勝手な子どもに育つのも当然です。

私は飛び出していったB君に、さあ、どう対処すべきか一瞬考えましたが、すぐ厳しくやろう、厳しく対処すべきだ、という気になりました。他の子どもたちが、いやいやでなく本気で「主体的」に、きれいにしなくては、と頑張っているのを前にして、私もいい加減な対応ではすまされないという気持ちでした。

私はすぐB君を追いかけて部屋を飛び出しました。それも靴も履かずに裸足《はだし》で。というのはB君は外へ、町の方へ走って出て行ったからです。高齢の私は全力を出して追いかけました。それを見てB君も全力で逃げました。しばらく懸命に走っていたB君が急に速度を落としました。私の本気さに、これはどこまでも追われる、逃げ切れないと感じたからでしょう。私は追いついて彼の手を握り、柔らかく声をかけました。大したことでもなかったように。そして児童館へ戻る道を歩き始めましたが、あとは穏やかな調子で普通の会話をしながらでした。「いけない」「いけない」とお説教をする気になれませんでした。B君も言わなくても分かっていたに違いありませんから。二人で肩を並べて歩きました。私の方は裸足でしたが。

児童館へ戻ると、子どもたちは掃除をすませ、片付けをして、私たちの帰るのを待っていました。そして、さあ、次は……という顔付きでした。

「次は何をしなくてはならんかな?」

「ガラスを入れないと……」

「自分たちではできない」

「ガラス屋さんに行って、頼まないと……」

ということになり、みんな揃ってB君も含めてガラス屋さんに行くことにしました。

最初行ったガラス屋さんは、他の用件があるので行けない、と断られました。ひょっとすると大勢の子どもたちがきたので、こんな用件は……と避けられたのかも知れません。仕方なく他のガラス屋さんへ……というところですが、私にはどこにガラス屋さんがあるのか分かりません。子どもたちも、さあどこにあるかな、という顔です。一人の子どもが少し離れた所にあるガラス屋さんを教えてくれました。地域のことを子どもたちはよく知っているなと思いました。

次のガラス屋さんに行く途中、

「ガラスのお金は児童館から出すけど、ガラスを割った君たちもガラス屋さんに修理をお願いするのが本当だろう」

と持ちかけると、子どもたちもガラス屋さんにお願いすることになりました。

次のガラス屋さんでは子どもたちも前に出て、

「お願いします」

と言いました。今度のガラス屋さんは子どもたちの顔を見ながら、快く引き受けてくれました。児童館ではガラス屋さんが長さを測り、ガラスをスーッと切るその手際の良さ、さっさとはめ込んでいく滑らかな動きに子どもたちは感心して見とれていました。自分たちの壊したところを修理してもらっているのだ、という気持ちもあったのでしょう、じっとガラス屋さんを見る目も真剣でした。自分たちのことだと思うと、こんなに真剣に見つめるのだなと、感心しました。子どもを子ども扱いして、あとは大人がやっておくから、というような、親切な甘やかしからは、子どもたちのこんな態度は出てこなかったと思います。

B君も最後までみんなと一緒にいました。ただ、ガラス屋さんを見つめ続ける目が、すぐ外に散ったりして、落ち着きがなかったのが目立ちました。もちろんガラスを割った当事者なので、居心地の悪さもあったでしょうが、集中して見続ける力の弱さのようなものも感じました。これは、落ち着いて集中・継続する力が育っていないことを示していて、ボーリングのボールをピンに向けて投げないで、力まかせに投げたことにも現れています。持続力集中力を育てる課題が、B君と周囲の者にあるのです。

言われてやるという働き方はタテ社会のものです。そうではなくて自分でいろいろ考えて〝やろう〟と決め、活動する人間らしい働きを身につけるには、いろいろ（やらないことも）考えて決める「柔軟」と「連結」「決定」の力を育てることが必要です。つまり子どもの「発達」が必要なのです。

本人の「要求」がその元になければ、本ものの〝やる気〟ではありません。その「要求」は「矛盾」から生まれるので、「矛盾」つまり〝課題〟がカギなのです。

8 ガラスを割ったB君の矛盾と課題

B君はボーリングゲームをしているときも、矛盾を持っていたように思います。他の子どもたちがピンを一度にうまく何本も倒すことを目標にがんばります。ボールの持ち方、転がし方などに関心を向けているのに対して、B君はピンが何本も倒れるときの音に快感を感じていたように思われます。その点は他の子どもたちも同じですが、音は副次的なもので、気持ちの重点は何本倒すか、何点取るかに向いています。

B君にもそれはあるのですが、なかなかうまくいかないので、イライラした気持ちになって、ピンを何本倒すかという難しい目標より、ボールを投げるという簡単なことに快感を感じていたのでしょう。目標に重点を置かず、投げることに快感を感じて力を入れて投げたというわけです。その結果、ボールは空中を飛び、戸に当たってガラスが割れました。

B君はそんなことを見通せなかったのでしょうか。おそらく落ち着いて説明すれば、「見通し」も持つことができたでしょうが、目の前の〝課題〟、ピンをうまく倒すことが他の仲間のようにできないことのイライラ、「ゆとり」のなさ（硬直化）が、「見通し」を持たない幼稚な行動に結びついたのでしょう。

B君は、いわゆる〝やんちゃ〟な子どもだったようですが、それ以後も引き続きこのグループの子どもたちの活動に参加し、中山道江州柏原宿と伊吹山麓のグリーンパーク山東への一泊二日の旅行にも参加しました。私はとても嬉しかったです。

いろんな準備も子どもたちと一緒に考え、子どもたちの何人かと下見もするという、かなりの準備段階のある活動です。「見通し」を持ち、粘り強く丁寧に作り上げていく活動に、一緒に参加し行動することは、「ゆとり」を持ち、「見通し」をもち、だんだん方向を「決定」し、みんなで作り上げていく活動で、大きな課題やいろんな矛盾にぶつかります。それだけにこの取り組みには大きな教育力があります。そこに参加していたB君も多くの学習をし、高次元の力を次々と身につけていったに違いありません。

辛抱すること、他の人のこともだいじに考える「二次元」の操作や、〝～だけれども同時に～でもある〟〝大きくは～～だがこの部分は～～だ〟というような逆接続や一部否定の「二次元可逆操作」の力もぐんぐん身につけていったに違いありません。

じっと待っていてもそんな場が現れることはありません。私たち大人自身が子どもの人間らしい活動、主体性をだいじにした活動の場を意識的に作り出さなくてはなりません。

そんな場を作り、活動を展開しているすばらしい貴重な実践はあちこちにあります。
以下に少し紹介しましょう。

第三章

発達と子どもが主体性を持つ活動

1 大人も青年もいっしょにできる取り組みを

小学校の高学年くらいになると、「抽象」「論理」的な思考活動ができるようになるので、理論的、組織的、分析的、総合的な考え方や行動が発達します。それまでは具体的な「一次元」「二次元」的な考え方や行動が中心になっています。話し合いや相談も具体的なこと、現実的なことが中心になります。

高学年の子どもや中学生、そして大人もいる異年齢の集団になると、話し合いや活動は俄然、中身が豊かに、質が高くなります。従って大きな計画や組織的な取り組みができるようになるというわけです。

では、一人ひとりの主体性をだいじにした、自治的な集団では、どんな風に進むのかを実際の記録で見てみましょう（少年少女組織を育てる埼玉北部センター・〝輝け子どもたち〟誌№202から）。

〝雪のつどい〟の実行委員長になって
―子どもが決めて・子どもが動く―

川島美里

今年は私にとって三回目の〝雪のつどい〟でした。（中略）いま・さ・かの実行委員長をおおせつかったのに、事務局・指導員・要員の思い、今回の〝雪つど〟のテーマなどを理解したのは〝雪つど〟の最終日であったか？　と思います。（中略）

そして（朝食を）食べ終わると次の活動！「尻すべりの前の雪対策のまえの準備」がとにかく大変なのです。毎年、指導員やリーダーが、初参加やチビ少の子たちをフォローしながらやるのですが、「出来るだけ自分のことは自分でやってもらう」気持ちと「時間がない」という焦りの中で葛藤しているのが見え、自分の毎日とリンクすることもあり、親である私にとって凄く勉強になる時間です。私だったら絶対手を出しているところでも、指導員のみなさんはできるだけ待ってあげる。チビ少率が高い去年の青空（少年団の名前）は、（指導員の）MとTのフォローを見ていて、〝理解できる子には見本をゆっくり見せてあげて、わからない子には、やってあげながら重要なポイントを分かりやすく教えてあげる〟など、自分がチビ少の時に分からなかった経験があるからなのか、絶対親には真似できない指導だと思いました。（中略）

今頃になって思うのですが、ここは指導員二人にとっては「子どもたち同士で準備できる」と子どもたちを信頼した上での待ちの時間だったのでしょうか。

さて、その準備が終わると、尻すべりの会場へ行くための雪山登り！　毎年ですが、ここもチビ少には結構大変な活動で、ひたすら足を取られて体力が奪われる子どもたちが楽しく登れるように、各団体ごとに指導員が歌で盛り上げたり、面白い形の木やぽっかり空いた穴を見つけて周りの面白いものを見せてあげて楽しませたり。よくあれだけ声を出して登れるな！　と感心します。私はできるだけ体力を取っておくために、ほぼ無言で登りました。でも、しーんとした森の中で響く子どもたちの歌のBGMは、本当に心地が良かったです。

「もうやだー」「どこまで登るのー」と言うチビ少の声を聞きながら、何とか上まで上がると、絶景の尻すべり会場！　これは、登った方にしか見れない特別な場所です。しかも今年は雲一つないお天気！　その中で、各団（この〝雪のつどい〟は三つの少年団が集まった行事です）で作ったそり滑りをしましたが、何とかどこの団のそりも滑りました。私的には「十分な出来だった」と思いました。

尻すべりは凄く高い斜面の上まで登り、そこから天然スライダー（今年は父母のダイちゃんと三富さん作）を滑るのですが、上に立つと足がすくむほど怖いです。しかし、好きな子たちは何回も何回も登っては滑り、お腹から滑ったり頭から滑ったり、本当楽しそうでした。ただ、今回はもう一つ面白いことがあって、この本格的な尻すべり会場では少し怖いチビ少の子たちが自分たちのレベルにあった「小さな尻すべり会場」を自作！ キャッキャ言いながら何回も滑っていました。最後は「ジャンプ台」作成までしていました。子どもが自分で楽しいと思うものを作ってしまえる環境を自分たち自身で作ることができるのも「少年団ならではだなー」と、微笑ましく思いました。

夜の会は毎年恒例の「各団による劇」、〝木の葉〟も〝たけのこ〟も〝青空〟も（いずれも少年団の名称です）、想像力豊かな脚本と子どもたちの絶妙なコンビネーションの劇に、みんなでお腹を抱えて笑いました。

そして、八時半頃夜の会が終わると小学生は就寝ですが、中学生・高校生・父母はそれぞれの交流時間。特に中学生は本当に楽しそうでした。

三日目の活動時の村議六名（新中一）の掛け合いがとても楽しそうで、各団ごとの壁が見えないような進行に見えました。（〝村議〟というのは村会議員のことですが、少年少女センターでは各少年団や幾つかの少年団が合同で行うキャンプなどの行事のとき、中心になる役員を大人社会の議会の議員に見立てて呼ぶところが多くあります。合同キャンプの場合、キャンプ村と呼ぶことが多いので、そのときは役員は〝村議〟となるわけです」

〝雪つど〟の前から何度か話し合い、〝雪つど〟でも毎日いろんな話をして、一つの活動のために知恵を出し合った、そしてまとめあった仲間。そんな関係ができた村議のみんな！　三日目はとても素敵でした。中学生になると大変だろうけど、是非、この六人の今度の夏キャンプの様子も見てみたいな！　と思いました。

子どもが決めて、そして子どもが動く！　そして、それが楽しい！　そんな姿が見れた今年の〝雪のつどい〟！（以下略）

これはいくつもの少年団が集まって行われた規模の大きい〝雪のつどい〟ですが、一人の子どもの親でもある実行委員長が、「子どもが決めて、子どもが動く（自分らでやっていく）」ことに感心し、それが楽しさを作り出していることに感動しているのです。また、指導員（青年・大人）やリーダー（子どもの中の役割）が、初参加者や小さい子どもをフォローするとき、「出来るだけ自分のことは自分でする」ようにという気持ちと、「時間に遅れないように」という焦りの中で葛藤している様子を見て、「親の自分も凄く勉強になった」と言い、「理解できる子どもには見本をゆっくり見せ、わからない子には、やってあげながら重要なポイントを分かりやすく教えてあげる」姿を見て、親には真似ができないほどのすばらしい指導だと感心しています。

ここでは、親・大人には、会場や費用・安全などの社会的な、子どもまかせにはできない責任と、子どもたちと楽しく活動する中で教え合い学び合いもする、という子どもとのヨコの関係の面があります。軸になる人たちの話し合いがされ、一人ひとりの主体性、柔軟性が保障されることのだいじさや、集団としての柔軟性、主体性の重要さ（こんな堅い言葉でなくても）がだいじにされていなければなりません。理論的な協議・研究の会ではないのですから、わいわい話し合う中で、合意が形成され、活動の方向が作り出されます。これは人間の普通のあり方、つまりお互いを尊重して、柔軟に合意を形成するやり方ですから、そんなに難しいことではなく、普通に進むのです。

ただ黙って見ているだけでは、子どもに生き生きした活動の場が生まれないことは、今の日本の状況から見て明らかです。学校でも心ある教員は、クラスで子どもが主体的に活動する場を保障する取り組みに努力していることがあちこちで報告されています。今日、学校ではあまりにも教員の位置が重く、学校という枠が狭くて固いという問題があります。学校に縛られない学校の外、地域こそが子どもたちの活動の幅を広げ、伸び伸びした創造的なチャレンジを生み出す基礎のように思われます。これまで見てきた「雪のつどい」のような場が必要です。そこでは、子どもを放任するのではなく、親・大人（青年も）の役割があり、主体的に関わり参加しています。

言われて動く受け身ではなく、集団の活動に参加し、一緒に動く中で、その重要さを学びとる。そして「これがだいじなんだ。よし、私もやろう」と変わっていくことがだいじです。人が主体的に動くようになるには、共に活動する中で、重要さを学び取り動き方を身につけることが必要です。

それは子どもについても同じです。

やはり人間は「体外情報型」の生きものです。「発達」には、

①人間的な環境

②文化を身につけた人との共同の営み

③集団

が必要なのです。

2 〝いじめ〟の起きない集団 ――柔軟、つながり――

同じ山登りでも、子どもたちだけで、「あの山に登ってみよう」と気軽に見通しもなく登り出した場合と、大人・青年あるいは登山経験者がついている場合とでは、安全や見通しの点で、大きな違いがあります。

コースの選び方、歩く速度、休憩の取り方、先の見通しなど、経験者あるいは専門家がいると、科学的合理的になります。足元の石ころなどの危険性を知ったり、急坂の降り方についても、新しいことを知ったり、草や木の実、岩石や谷川、天候などについても学ぶことがぐんと多くなります。山を含めた自然についての見方や関わり方について、教えられ身につけることも多くなります。子どもたちの単なる「遊び」とは質的に違ってきます。

さらに、そのメンバーがタテ型社会の集団か、ヨコにつながる集団かで、大きな違いが出てきます。タテ型社会の集団では、登りきることが目的になって、子ども一人ひとりの気持ちや体調は二の次になります。途中、足の遅い子どもや弱ってきた子どもが出ると、それはマイナスの要素となり、嫌がられたり下に見られることになります。道端の草や石に興味をもつこともあまり歓迎されないということになります。

みんなでいろいろと話しあった結果、

「よーし、あの山に登ろう」

となって行われる登山の集団は、目的にも行動にもいろんな人の思いを含んでいることをみんなが承知しているので、小さい子どもが目を向けることにも、周囲は興味・関心をもち、一緒に楽しむということになります。歩く速度にも思いやりが含まれてきます。みんなで話し合い、一定の方向にまとめる取り組みの姿勢の中に、「一人ひとりの尊重」や人と人との関わりに「柔軟」さが含まれているのです。

「あの人、どうしたんだろう」「なにかいっしょにやろうか?」と思うこと、声をかけること、それが人間同士の自然な動きではないでしょうか。遊びに限りません。先にあげた例のように〝ちびっこプール〟の掃除でもいいのです。それは課題のある社会的な仕事(労働)なのですが、小さい子どもにとっては〝遊び心〟も含んだ楽しい活動です。

少し大きくなると、内容の豊かな活動を求めるようになります。探索の活動や冒険的な活動、少し込み入った趣味的な活動などにも取り組むようになります。一次元的な単純な活動よりも二次元あるいは多次元的な、つまり要素の多い複雑で多面的な活動を求めるようになります。だんだんと、さらに高い次元の次の活動、込み入った活動を求めていきます。それは「発達」まっ最中の子どもの自然な、本来の姿です。そのためには異年齢集団、学校のクラスのように同じ年齢のものが集められた集団ではなく、大きい子どもや小さい子どもの入りまじった集団が必要です。

何かの経験をもっている子ども、話のうまい子ども、おしゃべりの好きな子ども、電気のことについて知っている子とよく知らない子、英語についてよく知っている子と知らない子というように、無数の違いが存在する集団ができます。この無数の違いの子どもたちが仲間として何か活動しようとすれば、教える教えられる（教育的）、また力を貸す、援助を受ける活動が無数にでてきます。みんながつながり、支え合うことで集団としてのまとまった活動が進むのです。

ところが、

「お前は、わからん奴だ、ダメな奴だ」

「あなたがいると邪魔になる」

などという自分本位の人が出てくると、小さい集団なら壊れてしまい、大きい集団なら矛盾・対立が生じて、活動がうまく進まなくなります。その人のために作った集団でもないのに……。

3 「やろうか」「よし、やろう」―一次元、二次元―

子どもたちが自然に集まったとき、特に目的やしなければならない課題があるわけではありません。学校の帰り道や公園で、子どもたちはおしゃべりをします。どんどん盛り上がる場合はいいのですが、おしゃべりに変化が乏しいと、誰かが「何かをやろうか」とか「○○をやろうよ」という方向づくりが始まります。「矛盾」から「要求」が生じ、「柔軟」な集団は「連結」（方向づくり）が始まるのです。

そして一人ひとりのいろんな思い、つまり一人ひとりの「主体性」をもとに、

「よし、それをやろう」

と、「決定」がなされます。「一次元」の「決定」の段階です。集団が集団として「主体性」を確立したのです。

しかし多くの場合、

「この場所では?」とか、

「もっと、こういう風にしたらどうか」とか、

地域の子どもたちの発案で「子どもオリンピック」

「小さい◇◇ちゃんがいるから、……を加減しよう」など、現状に甘んじないとか、もう少しよい方向になど、現状見直しの動きが加わり（「一次元の可逆操作」）、一段高い、「二次元」的な決定が導き出されます（「二次元可逆操作」「〜でありながらしかも〜〜である」）。

「柔軟」な集団は、小さい子どもも面白く参加できるやり方を考え出したり、もっといい場所、以前よりもいい方法を作り出したりします。この過程は、「柔軟」な集団では何でもないようにスムーズに進むので、私たちはつい気づかないでいますが、これが「硬直化」した集団やタテ社会の集団では、簡単ではないのです。柔軟でない決定が押しつけられ、「一次元」の世界、〝こうするのだ〟〝きちんとそれをやるのが良いことなのだ〟というあり方が支配的な状態になってしまいます。するとメンバーの心の中に、他のメンバーとの関係・つながり方の「矛盾」が生じます。〝仲間外し〟や〝いじめ〟などはその結果だということになります。

「柔軟」な集団では、一度方向が決まっても、実情やメンバーの思いによって、活動の方向も中身も加減され変化することが、普通のこととして無理なく行われます。したがって活動はいっそう生き生きとしてきて、また発展していくのです。

4 集団も複雑、個性もあり変化もする

子ども集団の一人ひとりに個性があり、経験も違います。広く友だちを持っている子ども、物知りの子ども、おとなしくてあまり発言しない子どもなどいろいろです。また、顔見知りの子どもたちばかりで、集団のまとまりの軸になるような子ども、みんなの思いを察してリードする役割を持つような子どもが早く作られる集団もあれば、あまり親しくなくて、少しずつ時間をかけてお互いの関係を作っていくような、まとまりのゆるい集団もあります。

重要なことは、集まり・集団といっても千差万別で、メンバーのつながり方もいろいろ複雑であるということです。一口に〝あのグループ〟とまとめて考えることはできないのです。そのときそのときの事情で、一人ひとりの気持ちや行動のしかたは単純で画一的なものではないのです。集団を外から動かそうとするときは、あのグループはこちらの言うことを素直に受けとめるはずとか、あのグループは○○さんがリードして動きが活発だからとか概括して考えますが、一人ひとりの人間と同じように複雑でどんどん変化していくものです。こんな集団だと決めてしまえば、実際のグループのありようや動きが見えなくなり、わからなくなります。集団は生きものだということです。

とくに継続してまとまりを維持している集団は、主体性もでき、個性も形成されます。単純な見方で固定的に決めつけた目で見ていると、実際の生き生きした動きが見えなくなります。その集団と周囲との関わりも重要です。集団も生きている人間のように丁寧に深く見ることがだいじです。

子どもの集まりが何かの「遊び」を始めようとするとき、その「遊び」を提起したのは誰なのでしょうか。提起した子は見通しを持っていて、その「遊び」を知っているのです。〝ドッジボール〟をしたことのない子どもは、それをやろうと言えるはずがありません。また〝円形ドッジボール〟を知っていても〝方形ドッジボール〟を知らない子どもや

キャンプ代表者会議の案内

日時：4月25日(日)PM1：30〜4：30

会場：みかげ会館(田中里の前を西の方へ 200m)

今年の第9回左京あおぞらキャンプは例年通り８月５〜８日、大黒谷キャンプ場を予定しています。昨年は台風と指導員の「ウォーターボーイズ」で記憶に残るキャンプとなりましたが、プログラムの一部や大人村などやれなかった取り組みもあります。また、中学生会の日常活動とも併せ子どもの参画そして、キャンプ場の自然を活かした取り組みも課題となっています。

今年のキャンプをどんなキャンプにしていくか骨格となる部分について、特に、父母、大人の係わりについても明らかにしていきたいと思います。

日ごろの少年団への思いを気楽に出し合ってキャンプのスタートを切りたいと考えています。各団より複数名以上の出席をお願いします。

この代表者会議の内容を受けて、５月１１日に第１回キャンプ実行委員会を持ちます。連休の前後ですがよろしくお願いします。

＊ ビッグニュース　非公式ですがニッセイ財団の「児童・少年の健全育成助成」の助成が府社協の推薦を受け助成が決定したそうです。(ようとく少年団ＯＢの方に大変お世話になり、テント購入費用として申請していました。)

待ちに待った いわくら少年団(準)の結団式

2000 年に準備会の活動を始めて 4 年が経ちまだ準備会だったのが不思議です。

団員も 20 名近くになっています。

普段は公園や団地の集会所、児童館などで月 2 回団会をしています。

料理大会、花背合宿、バザーなどいろんな行事もしています。団名がなかなか決まらずにやっとこの 5 月 16 日に結団式を迎えます。

みんなでお祝いに駆けつけたいと思います。

かわいい案内状

よびかけのチラシ

その逆に〝円形ドッジボール〟を知らない子どもがいれば、一時混乱するかもしれませんが、子どもは今までやったことのない新しいゲームでも、すぐ身につけることができます。「遊び」は「文化」です。子どもは「文化を身につけた人との共同の営み」、仲間・集団と共に活動することで、知らなかった文化、新しい知識を身につけ発達していくのです。集団には「文化」を持ち込む人が必ずいるのです。

そこに年長の子どもや青年・大人など、知識や経験豊かな、より高い文化を身につけた者が参加すれば、当然、そのグループの活動は内容が豊かに、水準が高くなります。そしてそのような積極的な動きが起こるのは、その集団が生き生きと動いているときです。

遊んでいても、集中して楽しく盛り上がっているときとか、新しく物を作り出す創造的な活動、登山や探検・探索の活動など、メンバーにとって少し大きな課題となる取り組みに、積極的にチャレンジしているようなときです。そんなとき、メンバーは新しい知識や力をどんどん吸収するし、力のある者は、どのようにその力を使えるか、相手に合わせながら、無理のないように工夫するなど、柔軟に気を使っています。双方がやる気なのです。そして、これは無理だと分かれば（双方の関わり合いで取り組んでいるので、双方が無理だと分かるのです）目標や課題を加減したり、身近なものに変更することにも、気が合うのです（先にあげた〝雪のつどい〟のレポートにはそれが現れています）。

このような取り組みの中では、力のある者にも、そのときそのときの新鮮な課題が生まれてきます。「文化」を伝える相手の子ども（たち）との関わり方や、相手に合わせてどう伝えるか、課題の中の要素やそれを示す順序などもいろいろ考え工夫しているのです。言えばわかる、教えればわかる、分からない者は本人が悪いんだ、というような一方向的な考え方は出て来ません。うまくいかないときは、登山の荷物だったらみんなで分け持ち、困っている人弱い人を支えるとか、目標や課題を少し身近な方へ変えるとか、方向や目標の変更まで、みんなで「柔軟」に対応していきます。

「じゃあ、こうしようか」

「こうすればいいんじゃない？」

という風に解決の方法を考え合います。仲間だから、誰が悪いとか誰が駄目という対立や矛盾など起こらないのです。

身近な子ども集団の動きを観察し、子どもたちの柔軟な世界をだいじに見守りたいものです。

5 「発達」もするが「退行」も起こる

小さい子どもが競争に負けてダダをこねたり、大きい子どもがかたくなに自分の意見にこだわって自説を曲げないことがあります。他の考え方もあることがわかっている、つまり二次元の世界の操作能力があるのに、一次元の段階に戻って「硬直化」しているのです。「退行現象」ということができます。

そんなとき、大人は子どもに、意見のちがいや勝ち負けがあるのは当然のこととして受け入れる二次元の世界、アレもありコレもあるというものの見方、とらえ方を身につけるようにするとか、さらに進んで、残念だけれどもこの次は頑張ろう、練習を積もうとか、他の人の考えも知ってそこから学び取ろうなどと、二次元の可逆操作（～～けれども～～）

の力を働かせるように助言をしたりします。

そして大きい子どもには、さらに勝負の持つ意味や客観的な条件、状況などについて認識をもつように働きかけます。これは抽象、論理のレベルに認識を高める取り組みです。

小学校の高学年くらいから、「抽象」「論理」の操作の力が急に伸びてきます。自分なりの考えや理屈を主張したり、一定の考えに基づいた行動をとるようになります。だから小さい人、力の弱い人、障害のある人、考えの合わない人などとも一緒に生活、活動するのは、普通のこと当然のことと協力できるのです。排除や差別が偏りで、それが力のある人や有利な立場にいる人の自己中心的な考え・行動だと分かると、周囲に差別的な流れが強くても、一人ひとりの尊重、平等、連帯の立場で行動することができるようになります。

勝ち負けにこだわって（硬直化して）競争や勝負に異常になるのは、「高次元」の活動を働かせず、「一次元」のあれか・これかの世界に退行していることにほかなりません。オリンピックは勝つことではなく、参加することに意義がある、と力を込めて語られていた時期がありました。小さい国、発展途上の地域からも参加があることを喜び合い、オリンピックの意義を、世界のみんなの参加という視点で考える時期が日本にあったことが思い出されます。

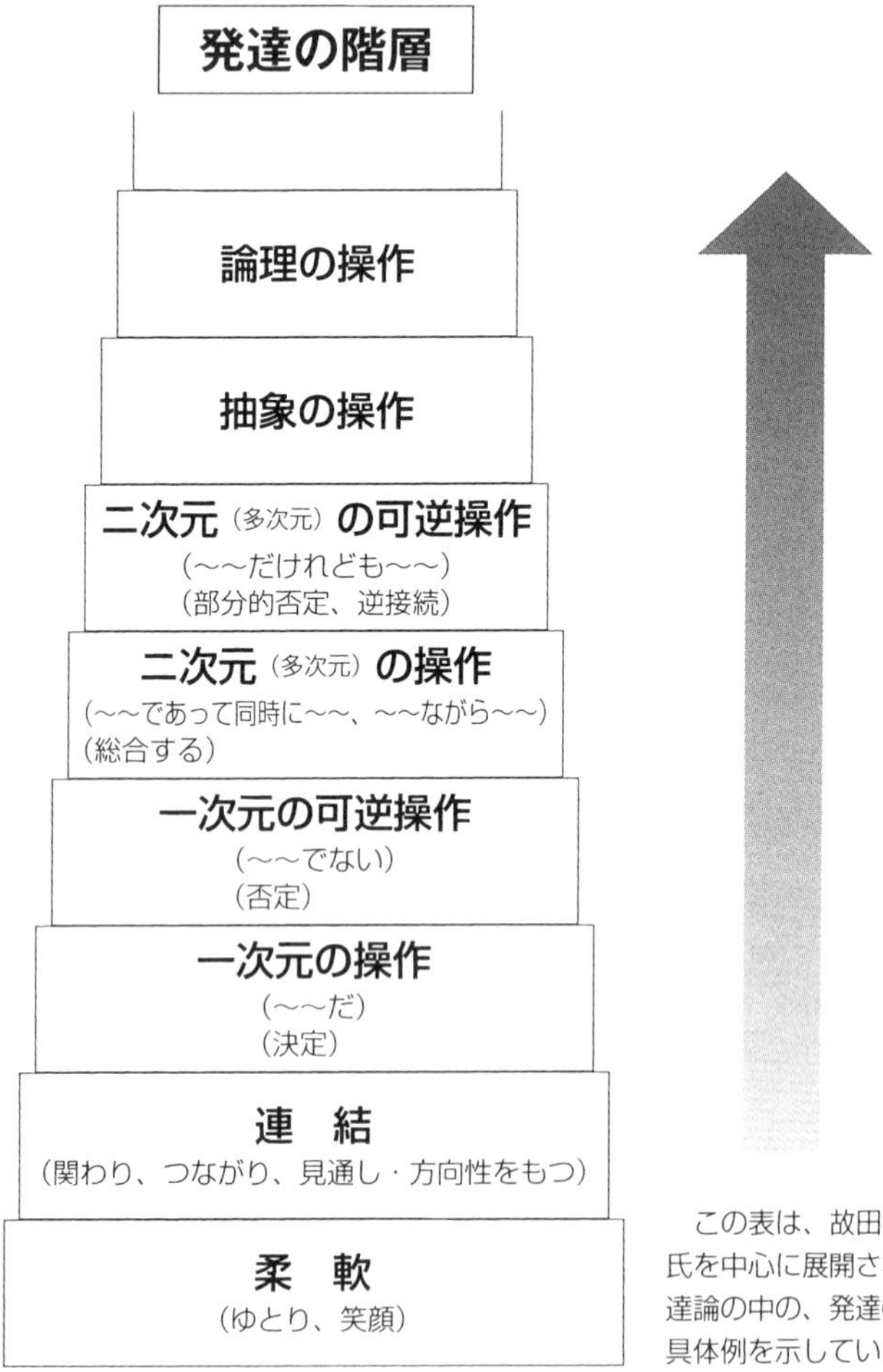

この表は、故田中昌人氏を中心に展開された発達論の中の、発達の質や具体例を示しています。

集団や子どもの動きを階層的にみると

活動の質	集団の動き（一つの場面・例）	（活動例として）話し合い
柔　軟（ゆとり）	集まっている、寄る	ワイワイ、ガヤガヤ
連　結（見通しが持てる）	「仲間意識」ができる	話題に興味・関心を持つ
一次元操作（～～だ・決定）	「まとまり」ができる（いっしょにやろう）	話題・議題が決まる
一次元可逆操作（～～でない否定できる）	（やめることが可能だが）いっしょにやることを確認（さあ、この方向だ）	他の意見、異論が出るその上で、どうするかを決める
二次元操作（～～で同時に～～）	分担、共同など組織化他との連携（親、専門家）新しい仲間を迎える	異見を含みながら、話し合える。二つの問題を結びつけて話し合える
二次元可逆操作（～～けれども～～）（部分決定）	相談・協議して決定・変更ができる	相談・協議して決定・変更ができる
抽象の操作	目的・意義を明確にする活動の総括をする	話し合いの内容がまとめられる、報告やニュースが出せる
論理の操作	情勢・総括・目的・課題を総合して、計画・目標などを作る	話し合いを基礎にした活動の計画を作る

参考　子どもの発達段階

地域活動・生活の場／高次化	父母の集団	凧つくり鴨川原行き（本もの体験）：凧作り	街を歩く	バスにのる	橋の長さ測定
柔軟・連結	いろいろなつながり 保育園通園の中で	認識（ことば）、社会性 計画・話し合い ↓	歩く力 歩きまわる 四肢↓	何を持って行くか 自分で考える	巻尺を扱う
一次元・否定	サークルつくり	作図（きちんと線を引くなど） 製作（切る、貼るなど） 認識、手指↓	きまりを身につける 路側帯、信号標識—認識—→	自分の持ち物 自分の料金	簡単な測定
二次元・否定を含む 二次元	話し合い、決定 共同のとりくみ	あーだ、こーだ、こうでも ないーと、 自由に自分独自の絵を描く	電柱（NTTや関電） 土地の区分、所有者、公道 下水	自分の物の取り扱い 他の客と自分	巻尺が足りない 橋の端ってどこ？

サークルの活動	凧上げ	走る	風の方向と走る方向	風と走る速さ 凧の上げ方、降ろし方
サークルの活動	川原	探索・発見	これは何か 距離標（柱）、草、石	意味 種類など
A君	サークルに入る	学校の友だち △ △ ―社会性→	サークルの輪（場）に入る前 いやがる、泣く	サークルに入って活動するが一人行動が多い △ △
A君	算数	認識（数量）→ 書く文字 手指→ 数字が固い △	数列の面白さ 明確な終点 きちんと止められない線△	○ 数列の発展 異種の数列をつくり楽しむ
A君	紙芝居つくり	お話の決定が なかなかできなかった 考えも固かった →友だち、集団の空気と支え、力で→	絵も小さく固い線で始まったが	トラの絵 線も太くなりイメージのハッキリした画に ○たのしさが生まれ広がる

6 「柔軟」なヨコのつながりの集団

人間は隣近所の人と会えば、「こんにちは」「いいお天気ですね」と挨拶を交わし、少し顔をほころばせてニコッとしたりします。雑踏の大勢の人と顔を見合わせて表情をゆるめたりしませんが、細い道やさみしい山道などで会えば、知らない人とでも、ちょっとした挨拶や声かけ、表情での交歓をします。これが人間のつながりで、国や言葉が違った人同士でも、自然とこのような関わり方は出てくるものです。人間は誰とでもつながりをもち、「柔軟」な関わりを持つのが本来の性質と言えるでしょう。

ところがタテ型の集団では、挨拶が強制されたり、気持ちのこもらない形式的な挨拶が普通の状態になっています。デパートやスーパーマーケット、バスや電車などで、

「毎度ありがとうございます」

と、何度もアナウンスされます。ファミリーレストランなどのマニュアル化された儀礼的な接客対応などは、心に響きません。

近所の馴染みの店で買い物をして、「ありがとうございました」と言われて、こちら側

も、「ありがとう」と返すときは、こちらの必要な物を、おいてもらっていることへのお礼とつながりの気持ちがあるからでしょう。

バスを降りるとき、運転手に、「ご苦労さん」とか「ありがとう」と言ったり、言葉にしなくてもそんな気持ちがおこるのは、働く人、安全を担ってくれた人に対する人間としての感謝の気持ちからです。

運転手の方からも、「気をつけてね」などと言葉が返されるのも、お互いの関わりの中で出てくる相手への気持ちです。人間的な自然の交わりです。

子どもに「ありがとうとお礼を言いなさい」、「ごめんなさいと言いなさい」と、表面的な言葉を強制して、心からの感謝や反省・おわびの心から目をそらせた形式的な指導をしばしば目にします。それが躾《しつけ》や教育だ、という親や教員もいます。人間同士の本当の結びつきや関わりはそんなところでは生まれないし、逆に消されていきます。

このような形式的表面的なタテ型の集団的な関わりは、それによってその集団を維持させる統制や管理に役立っています。しかし、子どもたちが育つ場や集団は、形式的表面的なことの重視ではなく、一人ひとりが自分を出しながら他の人と関われる「柔軟」な集団であることが必要です。

7 集団の豊かさと個人の役割 ―抽象、論理―

「柔軟」な集団は活動と共に発達・発展していきます。子どもたちが〝縄跳び〟や〝鬼ごっこ〟をしているときでも、メンバーのつながりや活動のしかたは変化し発展していきます。子ども一人ひとりも新しい力を獲得し「発達」しています。大人がこのことを見逃さないできちんと把握することは、子どもの「発達」を考えるときに大変重要なことです。

子どもの中には、みんなについて行くのが精一杯という子どもも、みんなとのつながりが進まず、不安定な状態の子どももいます。

活動の中では、たいてい〝軸〟になる子がいます。いない場合も、やがてできてくるものです。一人とは限りません。前に出てみんなをリードするタイプの子どももいれば、目立たないが中心的な役割（軸）をしている子どももいます。

軸の位置になると、みんなのことを考える、見通しをもつ、自分の考えを織り込んで行動するなど、活動のしかたも考え方もぐんぐん発達するようです。〝まとめる〟とか〝なぜか〟〝周囲との関係は?〟などを意識することが多く、また必要になることもあって、

「抽象」や「論理」の思考活動が盛んになります。子どもに限らず、指導員の青年や大人が軸になっている場合もあります。〝軸〟になる人、リーダーや指導員は、大きな「発達」を獲得し、ぐんと成長していきます。

青年は、子どもと年齢も近く気持ちも通じやすいので、子どもと一緒に活動することに無理がありません。地域の伝統行事で青年の果たす役割は大きいものがあります。地域集団は、子ども、青年、大人、高齢者など、それぞれの年代が持っている特徴に応じた役割が、振り分けられ分担しているのでまとまりが強くなり、祭りなどの伝統文化が長く継承され伝えられているのです。集団の中でいろいろな役割ができることは、自分が必要とされていることや、その集団の一員である誇りにもつながるものです。

先にあげた〝ちびっこプール〟や、〝子どもがつくる子どもまつり〟の例でも、〝軸〟になる人、まとめ役がいました。活動が進むにつれて、それぞれの段階、それぞれの場面で軸になる人も異なります。最初は大人が出ていますが、子どもたち自身の活動になってくると、その中で〝軸〟になる子どもができてきます。

もちろん最初は、子ども一人ひとりがしてもしなくてもいい、という段階です。そのとき、上からあるいは脇から「これを『ヤル』のだ」、という方向が持ち込まれるのがタテ型集団ですが、ヨコ型集団では、自分が参加するか、外れるかを一人ひとりが「主体的」

に考えられます。言葉で表現するかどうかは、ワイワイガヤガヤの話し合いの状況によりますが、一人ひとりが自分の意志、「主体性」を持っていることが、ポイントになります。

ワイワイガヤガヤの「柔軟」な話し合い（静かな場合もありますが）、交流の場で生まれるのが〝軸〟になる人（複数の場合もあるでしょう）です。みんなが黙っていたり、一度意見を言っただけで何もしなかったら、話は進まないし、方向も生まれません。

タテ型集団の場合、一人二人の発言が決定的な重みを持つのですが、ヨコ型集団の場合は、いろいろな発言が交わされながら、一つあるいは二つの方向にまとまっていきます。「柔軟」なヨコ型集団というのは、バラバラの集団のように見えても、粘りがあり、まとまりがある集団、民主的な意見交換で理念をもってまとまっている集団です。

そのとき〝軸〟の役割として、民主的なまとまりを生み出すような発言や働きかけができる人は、これまでに「民主的」な集団の活動を経験し身につけている人なのです。一見、硬いように思える組織的な〝会議〟でも、議長を中心にした「柔軟」な進行によって、参加者の発言をメンバーの納得のいく〝決定〟にまとめることができます。

反対に、どんなに柔らかく見えても、一方的な方向にひっぱって行かれるならば、その会議は民主的ではないといえます。

残念ながら今の日本社会では、会社でも学校でもスポーツクラブでも、ＰＴＡやその他の団体でも、形式的には会議を開き、民主的という形をとりながら、実際には反対意見が出しにくく、上からの力による決定を通す場合が多くなっています。私たちは、あらゆる取り組みにあたって、民主的運営に配慮し、違った意見に耳を傾け、相談しあう柔軟な進行に努力をしたいものです。

前の方で例にあげましたが、「留学生の日本の授業に対する驚き」の感想文に、「日本の教室では、先生の出した問題に対して、生徒が先生の期待しているところに合った答えをしようと気を使っている。それで手をあげるのもどうしようかと迷っているようだ。自分の意見はこうだ、と発表し、違っている所は指摘しあい、いろいろ討論すればいいのに……」

と、疑問を含めた感想を書いています。

日本では、相手と違った考えや感想を出すのを遠慮する、という空気が強いようです。これは一人ひとりの「主体性」の確立が、まだまだ弱いことを示していると思います。宣伝や流行に乗せられやすいというのも、このことと関係が深いと思います。はっきり自分の考えを持つ、自分の思いや考えを伝えて、それに対する相手の思いや考えも尊重してじっくり聞く、一人ひとりは違って当たり前という考えが民主的なつながり方のだいじな基本です。

基礎になるのは「人間信頼、人間尊重」です。日本が島国で外国との交流が少なかったとか、近代の軍国主義による海外侵略によって、他国を敵視したり蔑視したりする思想が長く広められていた歴史もありますが、外国に行ったとき誰もが経験するように、言葉が通じなくても人間同士は親切にできます。暖かく楽しい交流ができます。人間は信頼でつながることができるのです。

8 自治的な子ども集団づくりのために

子どもの生活時間の中で、学校は大きな部分を占めています。学校やクラスは学習活動が中心なので、どうしても「先生と子ども」というタテ型の関係が強く働いています。受験や進学競争の激化もあって、学校や塾など、子どもが受動的になってしまう場が多くなっています。最近の子どもは周囲の状況を見て、それに合わせる対応に気を使う傾向が強くなっていると、多くの研究者が指摘しているところです。自分で考え自分の意見を出す主体的活動が弱いことが、大学の論文やレポートにも反映していると問題になるほどです。

ある会合で、みんなが自己紹介をするとき、最初の若い男性が、

「何を話したらいいですか」

と質問したのに、驚いたことがあります。自分のことをみんなに紹介するときに、何を話していいかわからず、それを他人《ひと》に尋ねるのです。

そういえば、小学校入学二カ月前の子どもを持つ母親数人が、公開授業を見て、どの教室も授業の進め方が型にはまっていて、説明の時間、話し合いの時間、まとめの時間が、どのクラスもぴったり同じだったと驚いていました。そして、

「こんな学校に子どもを通わせていいのでしょうか」

と尋ねられました。私は教員が子どもたちと生き生きと関わり、ぶつかり合っているのだろうか、型にはまった授業をきちんと進めるのが良い授業とされ、教員の自由な授業ができにくくなっているのではないかと、たいへん気になりました。母親たちも〝こんなのが教育なのだろうか〟と疑問に思い、学校を見直したのでしょう。

その母親たちに、私は学校生活とは別の場で、子どもの集団活動を作り育てることが必要だという話をしました。地域の子どもたち、それも学年の違う子どもたちが集まれるといいな、と話しました。異年齢の集団であってこそ、教えたり教えられたりすることが活

発になります。そこでは学校の学習のような狭い範囲のことではなく、遊びや、物づくりや、野外活動など、自由な創造的な活動が可能です。この「柔軟」なあり方こそ、子どもたちが自分たちで考え、話し合い、決定して、共同でものごとを進めるという主体的な活動ができる場となるのです。地域という生活圏に根ざしているから、継続できるし、大人の参加も可能です。

今、子どもたちが学校以外で活動している集団といえば、スポーツクラブのほか、塾や絵画・演劇・ダンスなど特定の活動を目的とした集団がほとんどです。生活している地域なら、子どもたちはいろいろな集団が作れます。学校への登下校のときにできる集団、遊びのときにできる集団などいろいろあるでしょう。そのとき、もし特定の子どもを排除する子どもたちがいれば、問題で、放っておけません。排除する側の子どもが優位に立って、弱い子どもを思うままにするというタテ型の人間関係ができているからです。

子どもたちは、テストの点数で何番と順位づけされ、比較され競争させられています。勝つこと、成績が上位であることが良いとさせられているので、人間関係をタテ型に考えるのも無理はありません。大人は大人で会社でも仕事でも競争させられ、優位に立つことを求められています。どこでも人間を上下関係で見るタテ型が支配的ですから、問題は深刻です。この方向を子どもたちにそのまま与えるわけにはいきません。

子どもたちに、本来の人間らしい優しさ、人間お互いを尊重し思いやりのある、そんな生き方を示し、その方向に子どもを育てなくてはなりません。そのためには一人ひとりが生き生きできる「柔軟」な集団のなかで育てるしか道はありません。まず、家庭という集団がタテ型の集団でなく、人間尊重の集団であることです。家庭だけでは子どもに社会的な活動や集団的な活動経験をさせることはできませんから、家庭の外にも集団が必要です。

そんな集団は待っていても、探しても現れるわけはありません。このことに気づいた親たち大人たち、青年たちが、子どもと一緒になって作るのです。

この活動は、子どもたちの気持ちにも合っています。それは人間本来の活動だからです。ただ、現代は競争力や経済力のある者の優位社会なので、本来のあり方を作り出すには手間も時間も力も要ります。大人（青年）の方がまず、この課題の重要さをつかみ、小さいところから実践に入ることです。

私たち大人自体が支配・従属関係の強い社会で生きているので、一人ひとりが注意して気づき、学習することが第一です。民主的な話し合いという「文化」を学び身につけるには、

1. そのような環境（民主的なヨコ型の集団にいること）

2．その「文化」を身につけた人との共同の営み（いっしょに活動すること）

3．集団（仲間）

が必要です。理論的な学習も力になりますが、「民主的」な行動が身につかなければ、その方向にリードしたり、みんなと一緒に「民主的」な動きを作り出すことができません。何と言っても「民主的」な集団や組織に参加し、経験することです。そして一緒に行動することです。もしそばに「民主的」な集団や組織がない場合には、「民主的」な活動をしている人と親しくなって、行動に参加する中で学び取ることです。

何でもないことのようですが、子どもたちが話し合っているときや、争っているときなどにかける言葉、態度、雰囲気が、タテ型上下関係と「民主的」とでは大きく違ってきます。当然ながら、子どもに対する見方、子どもを見る目線なども違ってきます。「何しているの？」という言葉一つでも、「悪いことでもしていないか」とか、そこまでいかなくても管理的な上からの気持ちがあるのと、子どもに関心・興味を持ち、一緒になりたい、一緒に考えようという気持ちを持っているのとでは、声の柔らかさも表現も違ってきます。小さい子どもでも、一人ひとりを独立した一個の人間として尊重する気持ちは、理屈や本の学習だけでは身につきません。そんな集団、仲間と生活し行動する中で身につくものです。経験のだいじさ、重さはここにあります。

①集団のつくり方

生活の中で自然にできる遊び仲間のような集団や、できたり消えたりする集団でなく、継続的組織的な集団をつくるには、どこから始めればいいのでしょうか。楽しく意欲的に活動を展開していく集団をつくるにはどうすればいいのでしょうか。

私の経験では、一緒に楽しい活動をすることです。

「よし、子どもたちと一緒に楽しく活動する集団をつくろう。それは子どもたちの成長・発達に大きな役割を果たす。そして大人も地域社会も変わるだいじなことなのだ」

そう思えば、一人であろうと数人であろうと、まずは子どもたちと仲良くなろうとします。口うるさい大人でなく、一緒におしゃべりができる、仲間のような大人として子どもたちとつながること、親しくなることです。

子どもたちの集団に入っていく、関わっていくという一方的な(大人の立場を振りかざしたお節介な)行動では、最初から大人と子どもという上下の関係ができてしまいます。子どもたちの遊んでいる中へ入り込んで行かなくても、自分の子どもを軸に、

「今度の日曜日、△△川の上流に一緒に行ってみないか。魚や昆虫もいるし、石ころを調べても面白いかも。一度行ってみたいな……」

などと、声をかけてはどうでしょうか。少し自分の知識や経験を生かすのもよいと思います。子どもは知りたがりで、やりたがりですから。

ただこのとき、遊園地やテーマパークなど、子どもを遊ばせて喜ばせる営利的なところは避けるべきだと思います。なぜなら、与えられたレールに乗せて子どもを嬉しがらせるという場所は、子どもの「主体性」が生き生きする場所ではないからです。さあ、靴を脱いでどこから川に入ろうかと考えたり、冷たい川の水に驚いたり、魚や昆虫、水草や苔や藻の姿を改めて見るという、「主体性」が生きる場が良いと思われます。なぜかというと、そこでは困ったことや、発見や工夫が一人ひとりに現れ、生き生きした会話が生まれるからです。

何かの感想を聞かれたとき、〝面白かった〟〝楽しかった〟と型にはまった言葉しか出ないのは、型にはめられレールに乗せられて育てられている状況をよく示しています。

子どもたちがやりたくなる活動を提起するのも、子どもを尊重しているからで、その思いは必ず子どもたちに通じます。子どもたちは、行く先や取り組みの中身で、大人が気を使っていることを感じています。

子どもへの誘いの声かけの範囲を少し広げると、集団ができ始めます。呼びかけられた子どもが仲間に広げる場合や、大人が数人の子どもに呼びかけて広げる場合もあるでしょう。子どもが自分で仲間を広げた場合は、もうそれだけで子どもの主体性が生きているのです。大人の呼びかけで子どもの数が増えた場合は、最初は子ども同士のつながりは弱いので、つながりや関わりを強める配慮が必要です。大人が個々の子どもとばかり関わるような会話や、取り組み方は避けなくてはなりません。でないと、そこに大人中心のタテ型集団になりやすい落とし穴があるからです。

また最初から人数が多くなると、個々の子ども同士の関わりよりも、集団的組織的な動きに気を使うことになり、子ども自身の集団としての主体性が育ちにくくなります。一人が親しく話し合える人数は多くても七、八人ですから、最初から何十人というのは考えものです。

取り組みの準備を子どもたちと進める中で、「軸」になる子ども（たち）が形成されてきます。時間がかかっても子どもたちと話し合いながら準備を進めること、それ自体が、集団づくりであることを忘れてはなりません。それが、子どもを一人ひとり、人間として尊重することであり、子どもの主体性を育てる取り組みでもあるのです。

そんなにつながりが強くなかった子どもたちでも、一緒に取り組みを進めれば、ぐんぐんつながりが強くなります。子どもたちが主体性をもって取り組んだ活動は、楽しさがいっぱいです。一つの取り組みが終わったときには、もうしっかりしたつながりをもつ集団になっています。

②集団の組織化

子どもはやりたがりです。楽しい取り組みが終わると、必ず、もっと次の取り組みをしたくなります。そこで必要になってくるのが集団の「組織化」です。ワイワイガヤガヤのおしゃべりだけでは集団に主体性も生まれず、何かやろうという提案もできません。そこで大人が関わり過ぎて、大人が集団の「軸」になってしまっては、子どもたちは大人に頼り、甘えてしまいます。子どもたちに「自分たちの組織（会やサークル、クラブ、団、など名前はいろいろ考えられるが）をつくれば、いろいろと自分たちのやりたいことができるよ」と話し、あちこちのクラブや自主的な少年団でやっている楽しい活動を伝えると、子どもたちは、

「よし、それだ。わたしたちも自分たちのクラブをつくろう」

となります。子どもたちはいつも意欲的で前向きです。

このとき大人が引っ張って流れをつくっては、子どもたちの主体性は弱くなり、ときには依存的になってしまいます。組織をつくることは人間の文化的な活動ですから、最初子どもたちはどうしたらよいのかわかりません。組織とはどんなものか、どのようにつくる

のか、など「文化」を身につけた人から学びながら取り組む「共同の営み」が必要です。組織のモデルを伝えることと、これが当然だと大人が決めて子どもにさせるのとは、大違いです。〝団〟をつくろうという空気ができてきたときは、

「では〝団〟をつくる話し合いや相談をしよう」

「話し合いをするときは、『軸』になる人がいる。一人でも何人でもよいが、その人（たち）をつくって、その人（たち）を中心にみんなで相談しよう」

と、議長（団）をつくるように提起すれば、組織づくりが始まります。

ある例ですが、子どもたちがお互い顔を見合わせていると、四年生の一人が「僕が議長をやる」と立候補したことがあります。そのとき、そばで見守っていた親たちの中から一人のお母さんが、

「議長は上級生がすべきよ」

と声をかけました。それで上級生三人が選出されたのですが、このときの一人の母親の発言をみなさんはどのように考えますか。

一つは、この発言を傍聴席からの突然の発言のように捉え、子どもたちの相談に親が口を出すべきでないという考え方があります。しかし子どもたちが中心の組織といっても、大人もいろいろな形で参加することが必要です。子どもは未成年者であり発展途上中で

す。まだ未熟で、大人の関わり・援助が必要なところがあります。活動にはお金も必要で会場を借りたりするときも、社会的には親・大人が責任を持つことになります。子ども中心の組織といっても、親・大人の関わり・援助は必要です。大人も参加する組織であることは忘れてはならないと思います。

次に、発言の内容ですが、上からの勢いが強く、子どもたちと一緒に考えようという「柔軟」なところが少し欠けているのが気になります。

この「民主的」な子どもの組織のあり方について、みんなで話し合い、分かり合い、認識を深めるチャンスだったのに、それができなかったことが残念な点です。

子どもと大人の関わりについては、〝親の会〟をつくる形をとる所もありますが、何人かは子どもたちと一緒に活動する仲間としての参加が必要だと思われます。

子どもたちの集団・組織に大人の関わりが重要な理由は、子どもたちだけでは民主的な組織活動を進める経験が乏しいことがあげられます。いつも何人もの大人が子どもたちと一緒に活動するのは、子どもたちの世界を歪めることにもなります。また、子どもまかせで関わりがほとんどない状態もよくありません。一人か少数の大人が、あまり前に出ないように共にいる、という距離がいいのではないでしょうか。それは、子どもたちにも安心を与え、知らないことを教えてもらえる、またときにはリードの役割を果たしてくれる、信頼のできる仲間という存在です。

若い人・青年がその位置にいることは、多くのところで見られるところです。青年は子どもと感じ方や動きも近いうえに、日常の生活やスポーツやテレビとの関わりも子どもたちと近いです。しかも、子どもたちの知らないことや知りたがっていることについて、人生の一歩前を行く者として、教えたり遊んだり一緒に考えたりできるという、他の者にはない特別な資質を持っているのです。それで〝指導員〟という名前をつけて、日常的な活動の責任を持つ組織も多く見られます。

話し合いの軸になる人ができると、話し合いを進め活動の軸になる人をつくる、選ぶことになります。いわゆる役員を決めるという段階です。それをすぐ〝選挙〟や〝多数決〟にしようという子どもがよく現れますが、それは学校やその他のところで、そうするのが「民主的な方法」だと教え込まれたり、思い込んだりしているからでしょう。民主主義をそんな形式や方法だと思っている人が多いのは、表面的な間に合わせの学習や知識で済ませようとする、現代の焦りに似た競争社会のもたらしている大きな弊害です。

先にあげた〝ホーポノポノ〟やアイヌの人たちの「ウコチャランケ」の例でも分かるように、一人ひとりが尊重され、みんなの思いが出され、みんなの思いがまとまるところへまとまるとか、時間をかけてでも一致点を作り出すことこそが重要なのです。多数決はやむを得ないときに取られる、方法の一つに過ぎないのです。それよりもまとめるためのお互いの努力が、みんなの人間的なつながりを強めるということを、誰もがよく知っておくことがだいじです。多数決が簡単だから、という考えや態度は、みんなの人間的な結びつきや、組織のまとまりを軽視することを、しっかり共通認識にしておくことが、民主的な運営や活動に重要です。最後にはみんなが信頼する人に決定をゆだねるという方法もあります。なかなかまとまらないのが、やっとまとまったとき、以前よりみんなのつながりがうんと強まったということがよく聞かれますが、それが人間の本来のつながり方であり、集団や社会のあるべき姿ではないでしょうか。

③行動（取り組み）の決定、活動の展開

役員が決まれば組織の形はできたのです。形ができれば、次は中身の活動です。活動を考えるときにだいじなのは、組織をつくったときの「目的」です。この「目的」をいつもはっきりさせておくことは、とても重要なことで、組織の団や会の名前を目的にちなんだものにしているところがあります。目的を忘れないようにする一つの方法です。「活動」というと、活動の日程を相談して決めればよいような、表面的な軽い考えに陥る場合がよくあります。その活動がどのように目的とつながっているかがはっきりしていることと、

今の組織の状態に合っているかということも重要なことです。

大きな組織の会議の議案をみると、

①経過報告　②情勢　③活動方針　④当面の（具体的）活動計画　⑤日程　⑥連絡事項

⑦その他

などと整理されているものをよく見ます。これにはいろんな経験が整理されていると思います。組織が活動するとき、このような角度や視点をみんなが持っていて、一面的あるいは一時的な見方・考え方にならないように注意することは、みんなが分かり合い納得し合って（共通認識、共通理解をだいじにして）、気持ちを合わせ、盛り上げるために必要だと思います。

いつも言葉で繰り返す必要はありませんが、少なくとも中心になる人は、この視点、枠組みを念頭に置いて、組織の状態や活動を見ていくことが必要です。

今一つだいじなことは、具体的な活動の計画です。何をやろうか、何をやればいいのかを考えるとき、一つは、子どもたちが中心の組織ですから、〝楽しい〟ことが必要です。だから〝遊び〟の時間、〝遊び〟の要素は必要です。みんなが主体性を発揮して「柔軟」に動く生き生きした集団では、きちっとした活動をしているときでも、「ゆとり」があり笑い声があるものです。

その集団の中では、一人ひとりに面白い変わった〝呼び名〟をつけることや、新しい子ども（大人）を団に迎えるときも、みんなで工夫して面白い呼び名を作る、〝あだ名〟をつけるという団やクラブもよくあります。それ自体が遊び心の現れです。それはつながり、仲間を示すものでもあるのです。

さてこれから何をしようかと相談しているとき、

「アメリカに行きたい」

「宇宙船に乗りたい」

などと、できそうもないことを言う子どもがときどきいます。

そんなとき、みなさんはどうされますか。どう考えられますか。

遊び心のある冗談の発言ですが、雑談のときならともかく、さあ、これから何をやろうかと相談に入っているとき、つまり集団がみんなで動く方向を決めようとしているときには、話し合いの動きを混乱させる発言です。

しかし、ここで大人が、

「そんな出来もしないことを言ってはダメじゃないか」

などと、断定的に否定してしまっては、タテ型支配のようになってしまいます。子どもたちがどう反応するか、子どもたちの様子を見るべきでしょう。子どもたち自身で相談の流れを立て直すことができれば、とくに大人が発言することもないのですから。

ただ、まじめな相談の空気が壊れそうなとき、その集団がきちんと話し合いを進める力が弱いときには、仲間の一員として、そして経験・知識のある（文化を身につけた者として）発言すべき役割があると思います。

「アメリカに行くのに、お金はいくらかかるのだろう？」

「みんなパスポートを持ってるの？」

などと、少し新しい知識や情報で子どもたちとのつながりを強め、関心を共有しながら（子どもたちも今、すぐには実現が不可能なことは知っているのですから）、

「あの山の向こうに△△池というのがある。一度みんなで行ってみようか？」

「大昔の竪穴《たてあな》住居を見に行こうか？」

「自転車旅行っていうのもあるよ。一泊旅行などもいいね」

などと、新しい世界が開けるような、子どもたちにとって新鮮な案が提示できればいいのではないでしょうか。

楽しく遊ぶ取り組みを続けながら、大きい取り組みに挑戦することが必要だと思います。子どもたちは新しいことに魅力を感じ、また挑戦する意欲を持っています。また、大人自身も新しいことに取り組む意欲を持たなければ、子どもたちと楽しく活動を進めるこ

子ども自身が手づくりし、町中に張り出したポスター

とはできません。その中で、当然いくつもの〝発見〟が生まれます。それが子どもたち、そして大人たちをもますます結びつけ、集団の活動を盛り上げていきます。

私の経験では、建築関係の人に参加してもらい、キャンプに行く土地の少し奥に〝山小屋〟を作ったことがあります。最初の現地の下見も、中心的な役割をしている子どもたちと一緒に行って、子どもたちと計画を立て、山村のコテージ二つに別れて宿泊し、歴史・動物の学習キャンプをしたこともあります。障害のある子どもたちが中心のグループで、秋田県の〝わらび座〟に行ったり、広島に平和学習に行ったこともあります。

いずれも課題が大きいので、何回も集まって、事前の学習や準備にかなりの時間をかけました。行きの列車の中でも、まだ慰霊碑の前で述べる一人ひとりの〝誓いの言葉〟を練っていたほど、子どもたちは意欲的に取り組んでいました。大きい課題にも決して逃げないで、支え合って取り組む意欲と、仲間の結びつきの強さに驚かされました。一回一回、そのたびに私は子どもたちの中に、今までにない違ったものを発見し、子どもたちのすばらしさに感動し、満足と喜びを味わってきました。もう、準備段階での苦労など、忘れてしまいます（障害のある子どもたちのグループのことは『生きる力を創る仲間たち』〈かもがわ出版〉という本になっています）。

ベトナムの子どもたち二人を京都に招いて、友好・交流の取り組みをしたこともあります。それは、私が枯れ葉剤（ダイオキシン・オレンジ）の被害者と考えられる、多くの障害児を世話しているツーズー病院の平和村と、少し関わりがあったからです。ベトナムでは枯れ葉剤の被害と見られる子どもたちのための施設を〝平和村〟と呼んでおり、国内に何カ所もあります。私がベトナムの話をしたあと、ベトナムの子どもと交流したらどうかな、と提案してみました。最初は何がどうなるかも分からないので、不安で迷っていた子どもが何人もいました。まずは手紙を出すことになりました。

みんなが「ぼくはやきゅうが好きです」程度の、数行の短い手紙と絵を添えて出しましたが、向こうから来た返事の絵と文の一つは、あちこちで紹介しているほど、なかなかのものでした。ツーズー病院で育ったリンさんは、生まれつき両手がありません。彼女は日本の子どもたちとの交流で来日したことがありますが、その際の事前交流の手紙につけて送られてきたのが次の絵です。手がないので、足で描いています。「ＨＯＡ　ＢＩＮＨ（ホアビン）」（和平、平和の意）と書かれた旗の前をカメが歩いている、それをチョウチョや

ベトナムのリンさんから届いた絵

いろいろな動物が応援している場面が描かれています。その絵に、

「私はリンです。みなさんはウサギとカメの昔話を知ってますか。知ってますよね。フ、フ、フ」

と、書き添えてありました。私はこのメッセージから、障害を持ちながらも、柔らかな心と平和を願う強い気持ちを抱いていることを感じました。そしてベトナムの平和教育や教育一般のあり方と、日本の教育の歪みや弱さを改めて意識しました。日本の学校や教室には〝よくできたもの〟が張り出されていることが多いのですが、ベトナムでは全員の作品を掲示するのが一般的なようで、あちこち学校中に、子どもの絵が一杯に掲示されていました。すぐに何かと比較して良い悪い、こっちが上などと評価を下すことが多い日本の教育現場のあり方は、大いに見直す必要があると思います。

ベトナムの子どもは障害があっても、のびのび、のんびりしているように感じました。そういえば、ドクさん（結合双生児として生まれた。手術でベトさんと分離。それで足は片方だけです）が来日したとき、障害について生活や将来のことまでしつこく食い下がる質問者に、〝なぜそんなに…〟と怪訝《けげん》な表情をしていたのが印象的です。日本では競争、能率など経済的な面が問題にされるので、障害があるかないか、将来の生活不安などが大きな問題と考えられています。その人がだいじだからと心配する人々もいれば、除外するかどうか、という視点で見られる場合も多いというのが実情です。

さて、ベトナムとの交流の取り組みは、大人の組織活動と連携して、二人のベトナムの子ども（枯れ葉剤の被害児）を日本に招くまでに発展しました。京都の各地で交流の集いがもたれましたが、どの地域でも、取り組みには心がこもっていて、友好の気持ちが盛り上がりました。子どもや青年たちの張り切った動きに、私はとても充実感を覚え、この取り組みの意義の大きさを噛みしめながら、みんなの動きを見ていました。どこでも周囲の大人たちがかなり参加・協力していて、地域のなかに大きく広がっていました。

ここで改めて強調したいことは、どの取り組みも、子どもたちが中心だからといって、遊びや仮想の取り組みでなく、失敗を許されない本ものの取り組みだということです。子どもだから大したことはできないとか、大きいことはやらせられないというような、子どもを弱く甘く見るような考え方をしていないということです。だから大人も本気です。もちろん子どもも意欲的になります。このやる気、真剣さがあるからこそ、子どもたちは一段質の高い活動に取り組むのです。そしてその中で、自分の力を大きく伸ばし、いろいろなところで「発達」を獲得していきます。

子どもだからという甘い見方、考え方で、小さい簡単な取り組みに子どもを追い込み、囲い込んでいる場合が、私たちの周囲には多くあるように思います。それは子どもを発達途上の一人の人間として尊重しないで、下に見ている大人の大きな間違いだと思います。

④大人の課題、地域の課題

今日の学校はその多くが、子どもを下に見て枠に閉じ込めて、決まったことを教え込むような活動が中心になってしまっています。そうではなく、子どもの主体性を尊重し、それを生かして、主体的活動を教員が援助するという面が、もっともっと前面に出てくることが必要です。窮屈な学校、押し付けの学習到達、学力競争を強《し》いて、勝つことを良しとする考え方、これが〝いじめ〟や〝不登校〟を生み出すもととなっているのですから。

先に取り上げた多くの取り組みは、どれも子どもたちがやりたくなければ成り立ちません。子どもたちの主体性が基本になっているのです。親が、無理に子どもをクラブや団に入れようとしても、それは長続きしません。中学生になると、学校のクラブ活動に力を入れて、頑張る子どもたちもいます。当然です。一人ひとりが選べるというところが重要なのです。

大人の課題は、子どもの主体性を保障し、子どもが自分の気持ちを素直に表現できる状態を支えることだと思います。そうすれば無理をせず、時間をかければまとまることは、ハワイの「ホーポノポノ」の例が示しています。逆に、子どもたちが素直に自分を表現することができない、あるいはできにくい状況があるときは、子どもたちと一緒にその邪魔なものを除くことが課題となります。

時間がない、場所がない、話し合う経験がないなど、子どもたちだけでは克服が困難なことはよくあることです。そんなときこそ大人の出番ですが、大人が引き受けたり、子どもを引き回したりしないで、子どもと一緒にモタモタしながら取り組むことが、重要なのです。そのモタモタの中で、子どもたちは失敗したり辛抱することを経験して、力をつけ「発達」していくのです。

大人が背負うべきものとして、大きな枠組みや準備、場所や時間や経費の保障などがあります。また、子どもたちの小さな経験で思い至らないところは、大人の役割として積極的に意見を出し、知識を伝え、活動を発展させる必要があります。「文化」を身につけた大人として当然の行動です。

このような活動の周辺には、直接子どもたちと活動しなくても、間接的に支え協力する人たちがいます。子どもの親たちにも、活動に加わる人もあれば、あまり関わらない人もいます。関わりたいが関われない人もいます。そんな人たちみんなが、地域全体として子育てをしているのです。それは日常、道で出会ったときの挨拶から、道路の掃除、会場の設定、地域の伝統的な行事の取り組みなどに具体的な形として現れます。人間は大昔から地域で育ち、地域で育てられているのです。

現代社会では、多くの働く人たちは職場に縛られ、地域の活動をしたくてもできないような労働条件になっています。ひどい場合には、地域の活動を軽視あるいは無視するような、時間外労働がすべてに優先するような職場がまかり通っています。

地域には昔からいろいろな商店が軒を連ねていました。小さな駄菓子屋で、子どもはお小遣いの使い方を覚えました。地域のお店は、季節ものの入荷を知らせてくれたり、注文品を取り寄せてくれたり、重要な生活共同体の一部でしたが、今日、大都会ではコンビニやスーパーが大きな位置を占めるようになり、買い物の場面でも人間的なつながりが失われてきています。

そんな中での子育てです。人間らしい子育てをしようとすれば、人間らしい集団、民主的な集団が必要です。人間らしい「発達」をするために、民主的な集団をつくる必要があるのです。

⑤〝民主的〟は私たちの歴史的課題

言葉で「民主的」とか「民主主義」というのはやさしいですが、さて「民主的な行動」となると、私たちの社会は、まだまだそれが身についているとは言えない状態です。

国際的に見ても、〝国連（国際連合）〟や〝東南アジア諸国連合〟を作り出した力など、歴史的に着実に進んでいる部分もある反面、経済力・軍事力でことを進める紛争や戦争もあります。日本でも、民主的な部分とそうでない部分が併存している現状です。

明治政府以来、世界列強に負けまいと、力による海外侵略を進めてきた日本は、封建的意識や国家主義、全体主義、軍国主義などが結びついて、国民を戦争の道に駆りたてたので、一人ひとりの人権を尊重し、お互いを尊重するという人間らしいつながり方、関わり方は、ずっと押さえつけられてきました。そして世界的な経済重点の現代社会の中で、相変わらず上下関係が強く、「柔軟」な人間的な横のつながりは押さえつけられたままです。

敗戦後、「民主主義」は外から持ち込まれたような状態でしたが、その時代に青年だった私には、押しつけられたという思いはなく、これが人間らしい普通の関係だと、新鮮で希望に満ちたものでした。ところがある会合で、

「話し合いは時間がかかって、まとめるのは大変だ。誰かが決めてくれればいい。その方が早く進む」

という発言が出たのに驚いたことが、今でも頭の中に強く印象に残っています。

確かに〝話し合い〟は時間がかかります。しかし無理にまとめようとすると、無理な力が働いて、集団にだいじな人間的な信頼や、優しさのつながりを薄めたり壊したりするので、よくありません。〝時間がない〟と急ぐのは、お互いの信頼関係やつながりを軽視し、能率・効率を優先するので、注意する必要があります。みんながあまり時間がないときや、急いでいるときには（非常の場合など）、それなりの合意ができるはずです。お互いが認め、譲り合う気持ちのあるのが人間ですから。

気をつける必要があるのは、話し合いの進め方です。私たちはまだ、民主的な話し合いの進め方に習熟していない、日本の社会にはまだ民主主義がしっかり根づいていないという弱点を意識し、その克服のために実際の協議・話し合いの場で、努力することが必要だと思います。これは今の私たちの重要な課題といえます。

例えば、話し合っていると、おしゃべりが進み、話題の軸が移っていく。和《なご》やかではあるがだいじな話題が深まらない。最後は曖昧な状態か、甘い結論のまま終わるとか、集団としてのまとまりや動く方向が今一つはっきりせず、参加している一人ひとりも自分と集団との関係が漠然としたままで終わっても、民主的に話し合ったことにする、という形式的なことがよくあります。反対に、はっきりした原案があっても、説明が不十分とか討議が不十分のまま決定されたという場合もあります。

いずれにしても、形の上では話し合いの機会をもった、意見を出し合う場をつくった、ということで、民主的に進めたことにしてしまうこともよくあります。会社や事業所、また学校の授業などでは、利害関係や上下関係が大きいので、その点を避けられませんが、集団・組織について話し合い決定するときこそ、民主的な話し合いに習熟する機会です。こんな集団の中でこそ、子どもたちは自分の発達段階に応じて民主的な力を身につけ、民主主義社会の一員に育っていくのです。

特に子どもたちと活動している大人には、いつも、このことを意識して子どもと関わることが求められます。例えば話し合う問題の中心が明らかになるように援助をすること、そのためには準備や説明資料などが必要なこともあります。また、意見の違いや、違った意見との関係を分かりやすく整理サポートしたり、それを具体的に進める議長役や進行役に助言することも必要です。

「時間はこれでいいのかな」

「このところは誰がするの？　一人では無理じゃない？」

「小さい人の意見を聞いたらどう？」

など、議長役の子どもに助言をすると同時に、問題点を示唆する、子どもの意見表明を促すなど、話し合いに慣れていない子どもたちの集団の場合には、大人の役割はとても大きいものがあります。発達には「文化」を身につけた人との共同の〝営み〟が必要なのです。子どもと一緒に活動する大人は、民主的な文化を子どもたちに伝える重要な位置にいるのですから。

子どもたちの民主的な集団活動は、まさに現在日本の課題に答える取り組みであり、発展させるべき取り組みです。

第四章

「みつばち保育園」

――子ども、親、職員、みんな生き生き――

西京区にある「みつばち保育園」は入園希望者が多く、いつも定員いっぱいで希望者の多くが入園できない状態でした。保育を必要とする地域の人々から「みつばち保育園」の保育をもっと広げよう、「みつばち保育園」をつくりたいという要望で、二〇一二年に第二保育園というべき「みつばち菜の花保育園」が右京区に誕生しました。それに伴って「みつばち保育園」の園長（野上昭代《あきよ》さん）も「みつばち菜の花保育園」の園長になりました。

以下の記録は、その野上園長が「みつばち保育園」の園長だったときのもので、現在の「みつばち保育園」のものではないことをお断りしておかなくてはなりません。

現在の「みつばち保育園」は、開設以来の「みつばち」のあり方を引き継いでいることは、申すまでもありませんが、私はまだ、現在の様子を記録し整理するには至っていません。

ここで私が、少し古いレポートをわざわざ取り上げるのは、二〇一〇年前後に、「みつばち保育園」の〝保育〟と、保育園のあり方に驚き、しばらく見学に通い、園長や主任（現「みつばち保育園」園長の丸国朋子さん）や職員、そして保護者の方々から話を聞いたり文章にしてもらったりしましたが、その中には、あまり他の保育園では具体化していないだいじなものがたくさんあり、本来の「保育のあり方」を基本から考えるとき、貴重な実践例として見直す価値があると考えたからです。

「みつばち保育園」の源流

「みつばち保育園」は二〇〇一年、京都市西京区に開設されましたが、それ以前に、中京区で、京都市の〝昼間里親《ちゅうかんさとおや》〟（家庭保育室のような）制度による小規模保育園の時代が二十数年ありました。

その小さな保育園が、保護者も職員も一体となって「みつばち保育園をつくる会」を結成し、認可保育園の設立を目指して運動を進め、一億八千万円のお金をつくり、今の「みつばち保育園」をつくったのです。

新しくできたこの保育園は、昼間里親制度でやっていた中京区ではなく、まったく関係のなかった西京区の地につくられましたが、入園希望者が多く、京都市からの要望もあって、園児定員を当初の六〇名から、短期間に七五名、九〇名と増やしてきました。それでもまだ入園を待っている子どもが多いという状態でした。

入園希望者が多いのは、この園の保育に対する評価が高いからであることは言うまでもありません。保育園にはバスが三台もあり、毎日のように子どもたちを乗せて、園外保育に出かけているので、地域の人たちにも園外保育を重視していることがよくわかります。

また、保育園の近隣の全家庭に、園のニュースを配っていて、保育の様子や考え方もよくわかるのです。つまり地域に〝開かれた〟保育園なのです。

また、バザーなど行事のとき、園内に入ると、保護者会活動が活発なことがよくわかります。日常の子どもたちの動きや交わされる言葉にも、生き生きした育ちが見てとれます。運動会や発表会のときは、園児の家族の参加も多く、席もいっぱいです。私は子どもたちの活動の生き生きしたすばらしさに感動し、いろいろ考えさせられました。

では、毎日の子どもたちの生活はどのように進んでいるのでしょうか。父母たちはなぜこんなに活発に保育園活動をするのでしょうか。その基礎にあるものは何なのでしょうか。そこが保育や保育園の運営で重要なことだと思います。

「みつばち保育園」の実際をできるだけ深く知り、重要なところをつかみたいと、何度も何度も保育園を訪ねて、園長、保育士、調理員、保護者、卒園児の父母の方々にお会いしてお話を聞かせてもらいました。これから「みつばち保育園」を紹介しながら、保育や保育園の運営について考えてみたいと思います。

1 みつばち保育園の保育

「子どもに注意されました」

「みつばち保育園」の保育を見たい、と、遠方から参観者がよく来られます。「みつばち保育園の保育」があちこちの保育関係者の間で注目を集めるようになってきているのです。

園長の野上さんは、

「この頃、参観に来られる方が多くなりました。園長会の方が来られたあとで、こんどは主任会の人たちが来られることもよくあります」

と言います。園長が言葉で参観報告しても、なかなか保育の中身のだいじなところが伝えきれないから、保育士に直接見て学んでもらおう、ということなのでしょう。

「先日も、参観の園長さんたちに、『参観されてどうでしたか?』と、おたずねすると、『子どもたちに注意されました』と言われるのです。横にいた別の園長さんも、『私も子どもに注意されました』とおっしゃるのです」

「えっ、それ、どういうことですか」

と聞くと、

「子どもたちが、さあ、これから外へ出ようというとき、その方が小さい子の靴を出してあげようとされたら、そばの子に『自分で出さはるから、手を出さんでもいいよ』と言われたんだそうです。また、靴を履くのに苦労している子どもがいたので、手を貸そうとしたら、『おばちゃん、その子、自分で履かはる。手伝わんでもええよ』と言われたというのです」

さらに続けて、

「また、別の園長さんがね、二人の子どもが言い争っているのを見られて、どう見ても一人の子が劣勢なので、少し口を添えて加勢しようとされたんですが、そしたら、負けそうになっている子どもに、『おばちゃん、口を出さんといて。ボク、自分で言うから』と言われたんだそうです。その方は、『負けそうになっている子どもにですよ』と、驚いておられました」

そりゃそうでしょう。小さい子どもが、自分でやることがだいじなんだと自覚し、大人の手助けはいらない、かえって自分のやろうとしていることの邪魔になると、はっきり断るのですから。

参観に来られた園長さんたちも真剣で、離れた所から子どもたちを見て、それで終わるというような表面的な参観でなく、子どもたちに直接関わり、「みつばち保育園の保育」をよく知り学ぼうとされていたのでしょう。だから、じっと見ているだけでなく、積極的に子どもに関わっていかれたのでしょう。このエピソードで「みつばちっ子」にどんな力が育っているか、「みつばち保育園」が子どもたちに、どんな力を育てているかという、保育の「要」、重要な中身がよく見えてきたのではないでしょうか。

保育園でも家庭でも、多くの人は、小さい子どもに対して、つい手を出し、口を出してしまいがちです。小さい子どもには、手をかけ世話をすることがだいじだ、それが愛情でやさしさだと一面的に思いこんでいるところがあります。そこで、子どもを甘やかし、子どもの自立性や力の育ちを弱めたり歪めたりしていることに気づかないでいる場合が多いのではないでしょうか。

みつばち保育園の子どもの家庭でも、こういうことはよくあるようで、父母の方との話の中でも、「子どもに注意されて、なるほど、と、考えさせられました」という言葉を、私は何度も耳にしています。

自分の思いを言葉にできること ―問題を自分で解決する―

私も保育園の役員をしているので、ときどき、「みつばち保育園」を訪問しますが、園庭に立っていると、三歳くらいの子が近寄ってきて、

「おっちゃん、どこから来たの? 何しに来たの?」

と聞かれた経験が何回もあります。その話をすると、そばにいた人が、

「私もある。『名前、何ていうの? 何しに来たの?』って聞かれた」

と、おっしゃいました。野上さんは、

「うちの（みつばち保育園の）子は、（はっきり）言いますよ」

と言われました。

また、喧嘩やもめごとが起こっているとき、止めさせよう、解決させよう、と横から近づいた子どもが、

「（あんた）どうしたいの?」

と声をかけるのを、一度ならず聞きました。「コラ、やめろ」などという一方的な言い方をしないのに感心します。

この「どうしたいの?」という声かけは、その子を叱るのではなく、その子の思いを尊重し、その子を一人の人間として尊重しながら、その子がぶつかっている問題、あるいは

実現できないで困っている要求を明確にして、言葉で表現するように導くとともに、心を落ち着けて、自分の状態を認識し、問題解決に立ち向かう姿勢を作り出すのに大きな役割を果たしています。

「どうしたいの？」という言葉に限ったことではありませんが、双方を尊重しながら、寄り添って、解決に向けて援助、協力する気持ちも含みながら、その子ら自身が解決に取り組むように、時間と落ち着いた状況をつくる言葉……なかなかだいじな、いい言葉です。「みつばち保育園の保育」のあり方をよく現している言葉だと思います。

泣く子が自分で立ち直る ―ゆったりした場―

ある日、私が保育園の門を入ると、園庭で二、三歳くらいの子が、少し大きい声で泣いていました。私は近づかないで離れた所から様子を見ていました。

泣いている子に二人の三歳くらいの子どもがなにやら話しかけています。それでも泣いている子は話しかけに応えず、ワーワー泣くばかりです。二人の子は、どうしようかと迷っていた様子でしたが、とうとう話しかけるのをやめて、離れて向こうへ行ってしまいました。

泣いている子は自分の思いが通らないのか、一人、立ちん坊して泣き続けていました。

三〇秒くらい経ったでしょうか、泣き声にだんだん勢いがなくなってきて、間もなく泣くのをやめました。

その間、他の誰も、子どもも先生も、そばに来て「ヨシヨシ」とか「かわいそうに」とか声をかけることもありませんでした。腹が立つか悔しいことがあったのでしょうが、泣くだけ泣いて泣き止んだ子は、しばらく一人で立っていましたが、そのうちに自分をとり戻したのでしょう、歩き出し、そして走り出してあっちへ行ってしまいました。私はホッとした気持ちになりました。

そのことをあとで園長さんに話しますと、園長さんは、

「保育者も知っていたと思います。園庭はたいていの所から見えるような園舎の作りになっていますから。でも、すぐそばに行ったりは、あまりしませんね」

と、おっしゃいました。

リズム運動のポーズ

「みつばち保育園の保育」を考えるとき、よく思い出す印象深い場面があります。それは私が用件があってみつばち保育園を訪ねたときのことです。園舎に入ると、部屋で四、五歳の子どもたちが輪になってリズム運動の一つのポーズをとって、その姿勢をそのまま

じーっと続けていました。

私は、いつまでこの姿勢を続けているのかな、先生はどこにいるのかな、と思って見ていました（私は部屋全体がよく見渡せない場所にいたものですから）。

そのとき、部屋の入り口にいた女の子が、急に姿勢をとるのを止めて隣の子のところへ行きました。どうしたのかなと思っていると、女の子は何やら隣の子に話しかけて、その子の指のところに手を添えて姿勢を注意し、直しているのです。

そして女の子はまた自分の場所に戻ってポーズをとりました。よく見ると、両手は前後にすらりと伸び、指先はしなやかに少し反って、さわやかな感じの姿勢になっているのです。私はここまで気合をこめて姿勢をとっているのかと感心して見ていました。そのとき先生の姿が見えたので、ああ、やっぱり先生がいたんだと思いました。

私は、子どもたちが先生に言われたことを受け身でやっているのではなく、自分で意欲的に美しい姿勢をしよう、そして自分だけでなく、みんなが美しい姿勢を作り出すことに、一人ひとりが努力し工夫しているのだな、と思いました。

子どもたちが、主体的にリズム運動に取り組む気持ち・姿勢がここまでできているのです。私はここにも「みつばち保育園の保育」の現れを見ることができると思いました。

このように、自分でできることは自分でする、自分たちでできることは自分たちでするという、本気で意欲的な、主体性のしっかりした子どもと、子どもの集団は、どのようにして育つのか、どのようにして育てられたのか、これこそ私たちが「みつばち保育園の保育」から学ぶべきだいじな課題の一つだと思うのです。

2 みつばち保育園はこのようにして作られた

「みつばち保育園」は、どのようにして作られてきたのでしょうか。「みつばち保育園」の歴史には、学ぶべき重要なものがたくさんあります。また、それは「保育園経営者募集」という宣伝が行われるような、福祉や保育をビジネスのように考える流れが強くなっている現状の中で、根本から考えさせられる重いものをもっているように思われます。

「ない」ではすまされない

「みつばち保育園」は、園長の野上昭代さんの自分自身の子育てと共に始まりました。野上さんは知らない京都にやってきて、五人の子どもを産み育てたのですが、保育園に入れない待機児が多くて、福祉事務所に行ってもなかなか入れる保育所がないなかで、無認可の保育園に預けたりして、四人の子を三カ所の保育園へ送り迎えをする時代もありました。

働く女性が急に増えた第二次ベビーブームの保育園が足りない時代でした。親たちが集まって相談をしているとき、

「この家、野上さんの持ち家？」

と質問されたときの、その一言が「この場所を貸してもらえないの？」と言っているように聞こえたのだそうです。

ある日、夫に言いました。

「保育園始めようか」

「いいよ」

それから保育士試験の勉強をし、五人目の子どもを出産し、保育士試験合格と、忙しい中での保育への挑戦がはじまりました。そして一九七七年、自宅での京都市の昼間里親制度による「野上乳児室」（みつばち保育園）の開設となったのです。

昼間里親制度は戦後の混乱期、一九五〇年に発足した京都市独自の制度です。まだ保育所が充分整備されない時代に、赤ちゃんを預けてでも働きたい女性が増加するなかで、ボ

ランティア精神で自宅を開放して子どもを預かっていたのが、市によって制度化されたのです。小規模保育事業／「ＫＣＳ」とも呼ばれます。Ｋ（京都市）、Ｃ（昼間里親）、Ｓ（小規模事業）です。現在（二〇一六年）、東山区を除く区内に四六カ所あります。

さて、野上さんの決断・実行にみんなは大喜びでした。しかし自宅では狭すぎるので野上さんは場所を探し回っていました。そのとき、

「好きに使ってくれたらいい」

と提供してくれる人が現れました。関係者の多くが「こんなボロ家でやるの？」としりごみをするような家でしたが、野上さんは、

「自由にできるのがいい」

と、そこに決め、その家の壁をぶち抜いて窓をつくり、明るく風通しのよいように大改造しました。

ところが普通の町家なので園庭がありません。子どもたちは狭い路地でなわとびや竹馬、散歩をしていました。そんな光景に当然、地域の人たちが親しく声をかけてくれます。地域には保育園のニュースを配って園の様子を伝えるようにしていました。近所の人たちに協力を呼びかけ古紙回収でお金を作ったり、冷蔵庫を譲ってもらったりしました。時計も譲ってもらって、六個にもなりました。

保育には、今も「みつばち」の合言葉になっている「子どもらに緑と土と太陽を」の理念をもっていました。しかし園庭がありません。野上さんは京都の市内中が園庭だと考えました。毎日のように電車や路線バスを利用して、土と緑の豊かな自然を求め、川や山で遊び、走り回る保育を展開したのです。それを見て、車（バン）や小型バスを寄付する人も出てきたのです。

このように、悪条件を嘆くのではなく、考え、挑戦し、乗り越えていくことが当然になっているところに、「みつばち」の保育のあり方、園のあり方を見ることができます。「みつばち」の保育では「子どもを人間らしくしっかり育てたい」という要求が、口先だけ、言葉だけ、観念的でないことがわかります。子どもの健やかな育ち、発達には、屋外・野外の活動が必要だ、重要だということを、科学的にしっかりとつかみ、それを実践しているのです。

小さな昼間里親の規模にとどまらない、広い、大きい「保育と活動の場」を作り出してきたのです。さらに、二〇〇一年に認可保育園の開設にまで発展させてきた力の源泉は、要求・必要を自分たちのものにしていくこと、その実現に向かって可能な見通しをたてること、周囲の人たちに訴えながら努力することでした。ただ「～してほしい」と思っているだけ、お願いしてじっと「待つ」だけでは、このような保育実践も発展も生まれなかったと思われます。

運動場と園舎を郊外に

園庭がなくても、子どもたちを屋外でのびのび保育したい、そんな思いから野上さんが「みつばち」保育園から約一〇キロも離れた西山高原に運動場と園舎をつくったのは、やっぱり子どもたちには、山だ、自然だ、と思ったからです。この壮大な提案に最初は反対の意見もありました。でもだんだん協力者が増えました。企業に勤めていた野上さんの退職金、夫の家族の協力、さらに呼びかけに応えて二七〇〇人の人々からの寄付が集まり、土地についても協力者が得られ実現にこぎつけました。

このことについて、認可園開設五周年記念誌（二〇〇五年）には楽しい元気な子どもの姿の写真と共に次のように記されています。

今から二十六年前、当時の運営委員と保護者と職員は、「今こそ大人たちが力を出しあって、健康な体と心が育つ、よりよい環境をつくって行こう」と立ち上がり、「子どもらに自然豊かな園庭を！　緑と土と太陽を！」を合言葉に、みつばちっこの砦を求めて運動を始めました。

多くの方の支援を受け、六カ月後には西京区の西山高原に二八〇坪の土地を購入。そして、この運動に共鳴されたMさんが地続きの土地を購入、提供して下さり、あわせて四一〇坪の「おやまの保育園」が出来ました。

――四季折々の自然と共に――

「あっ、イチゴがあったよ」と小さい子に

山々にウグイスの声が響く。西山の春は、イタドリや野イチゴとりに夢中の毎日から始まります。野イチゴの季節が終わる頃には、「次はこっちだよ」と言わんばかりに、園庭のグミの実が鈴なりに！　子どもたちは、山に着くなりグミの木に登っては「パクリ」。小さい子たちは「ちょうだーい」と口を大きくあけて木の下にやって来ますよ。

夏、春から育てた夏野菜が実り、小さい子から大きい子まで畑に一目散。園庭のあちこちで、キュウリやトマトにかぶりつく姿がいっぱいです。園庭で体中まーっ黒になってのどろんこ遊びも大好き。

秋が近づくと――　（以下略）

「おやまの保育園」のこびとたち

という具合です。

これらの経過を見てもお解りと思いますが、「みつばち保育園」に集まる人々は、「ない」という悪条件、矛盾にぶつかったとき、子どものためには「ないではすまされない、何とか力を合わせて作り出そう」と、相談し見通しを立て行動をしています。大きく見える困難も大勢の力でぐんぐん切り開いていくという、行動力があります。この強い行動力は、子どもを思う親や保育者の強い願いの発現だと言ってよいと思います。

困難・矛盾にぶつかったとき、それを必要・要求に発展させ、多くの人たちと相談し、見通しを立て行動を進める、という人間の行動のあり方を集団的に行っているわけです。

そして、そのとき一人ひとりが、受け身でなく、しっかりした主体性をもっていること、また共同をだいじにして行動しているところなど、基本的に重要なポイントがしっかり押さえられていることに注目したいです。

一人ひとりの主体性の尊重 ―待つ、話し合う―

今まで述べてきたように保育園をつくる取り組みや、貧しい保育園の施設・設備の充実のための取り組みには、保護者も職員もいっしょになって動いています。子どものために力を合わせて動く、それが言葉でなく具体的行動になっています。言われたからやるという受け身の姿勢では、こういう大きい行動は到底無理なことです。「みつばち」では、そんな行動を楽しみながらやって、止まらないほどどんどん勢いがつくというのです。一人ひとりが自分の課題としていて、やる気になっているからです。

保育所を必要としている働く女性、普通の母親であった野上さんが、保育士の資格をとり保育園の開設運営に踏み切ったのも、大勢の親たちが保育園づくりや施設づくりに動いているのも、そして、今も保育園の運営に積極的に動いているのも〝やる気〟、主体性がしっかりあるからです。その主体性が認可保育園をつくるときには、みんなで二億円近いお金を集める力になりました。

みつばち保育園では子どもが自分(たち)自身でやることをだいじにしています。子ども一人ひとりが「自分自身でやる」という主体性をだいじにすることは、人間一人ひとりをだいじにすることであり、子どもを育てる基本的な柱です。

しかし現代社会では、子どもは往々にして弱い者、未熟な者という子ども観、子どもを下に見る子ども観が支配的になっていて、子どもに代わって「してあげる」とか、子どもが考えたり工夫したりする前に、一方的に指示する関わり方を当然のように思っている人たちが多いのではないでしょうか。

「みつばち保育園」では、子どもを尊重し、子どもが自分自身で考えて挑戦することをだいじにしています。子どもの自立や発達は子ども自身が獲得するものです。周囲からの配慮のない手出しや口出しは、子どもの人間としての「育ち」を邪魔することになります。

「今日はすっと起きられた？」

大人は、目の前の子どもをよく見て、子どもが今、何をしようとしているのか、何を考えているのか、どんな気持ちでいるのかを知る、あるいは感じ取ることがだいじです。子ども自身の行動をむやみに邪魔しないことが子どもを尊重することであり、発達のために重要なことです。したがって「待つ」「見守る」ことも、子どもへの声かけ働きかけと同様にだいじなことです。

それでは言葉をかけるべきときはどんなときなのか。かけるとすればどんなふうに言葉をかけたらいいのか、どのように手を出すのがいいのか、それが親や保育者など大人にとっての大きな課題です。それを考えるときには、その前に子ども一人ひとりのことをよく知っている必要があります。

ある職員はこんな経験をしています。

この園に入ってしばらくしたときのこと、子どもにていねいに語りかけて、自分ではよい保育ができていると思っていたそうです。ところがあるとき、

「その話の中身が、『その子どもに、はたしてどれだけわかっているだろうか』と問われたのです。いろいろ話し合っていくうちに、『今まで自分のやっていた保育って何だったんだろう』と考えさせられました。そのときから自分の保育についての考え方が大きく（すっかり）変わりました」

というのです。

「みつばち保育園」の保育者は、いや、保育者だけでなく調理の人たちも含めみんな、子どものことについては機会を見つけてよく話し合っています。子ども一人ひとりの様子や行動で気になること、変化についても、お互いに知らせ合うことをだいじにしています。職員の会話の多くの時間は世間話や冗談よりも、子どもに関することになっています。子ども一人ひとりを尊重し子どもの主体性をだいじにし、それを育てようとすれば、子どもをよく見て、理解して関わっていく必要があるからです。

調理の職員も保育士と同じように子どもに関わり、子どものことを気にかけています。子どもに声をかけ、保護者と連絡を取り合うのも保育士と変わりないところが、「みつばち」です。調理場は、保護者が送り迎えするときに声をかけやすいように配置されていま

す。

調理の職員も調理場から、

「お母さん、○○ちゃん（は）、今日はすっと起きられた？」

と、子どもの様子を気にしていて声をかける、という具合です。

子どもたちの方はどうかというと、少し大きい子どもは、自分たちの食事は自分たちで用意する、それが当然のことになっているので、汁の入った鍋も子どもが運びます。テーブルの上で一人ひとりに分けるのも子どもたちがやっています。

調理の職員に、

「鍋に熱いものがたくさん入っているとき危険では？」

とたずねると、

「そんなときは入れる分量を加減します。子どもは重いと思ったら、自分で、ともだちを呼んで二人で運びますね」

と答えが返ってきました。子どもが自分で考えて行動する、重さ加減などに見通しをもって行動するようになっているのに感心します。

職員は保護者との会話にも意識的に時間をかけて、子どものことをくわしく伝え合っています。子どもの体調、昨日今日の動きなどはもちろん、その子どもの内面的な問題とか、行動の意味なども話し合ったりしています。

子どもが自分で靴を履こうとしているとき、手を出しそうになっているお母さんには、「今、○○ちゃんは自分で履こうとがんばっています。そこがだいじなところで、その発達のチャンスを奪わないことがだいじなんです」と、説明をするという具合です。

「あんた、どうしたいの?」

「待つ」（見守る）ことのだいじさ、それはその子ども（の主体性）を尊重することでもあります。保育園内で職員の間で交わされている言葉は、聞いている子どもたちにも学びとられ身についていています。例えば、けんかして泣いている子がいると、少し大きい子どもがそばに来て、

「あんた、どうしたいの？」

と声をかけている場面に、私は一度ならず出くわしています。

また、ある母親は子どもに、

「そのときはこういう風に言うのやろ」

と教えられて、ああ、そうだと思ったと言っていました。

声かけのタイミングは？　話しかけはどのように短くするのかなど、経験を積んだ人か

ら学んだり、仲間から指摘されたり批判されたりして、誰もが力をつけていくのです。職員はそういう話にはオシャベリで、よくそのために時間を使っています。子どもの見方や自立、発達について話し合い、批判し合います。その中で学習も進んでいくのです。この例からも、声かけに象徴されるこの保育園の人間観、発達観などが、父母にも伝わり広がって、みんなが共に成長発達していることがわかります。

しかし「待つ」とか「短い声かけ」と言っても、それはそう簡単なことではありません。そのときそのときの真剣勝負です。

「この間もたいへんなことがありました」とある職員が話しました。

子どもたちの一年の発表会（「はばたき会」と呼んでいる）のときに、職員も踊りをやろう、ということになって世話係が準備を始めました。しかし何人もが、この踊りの練習の力の入れようというか、方向が違うように思っているようだったのですが、誰も口に出せず、発表会直前になって、とうとう、「それ、おかしいのではないか？」と一人が声を出しました。そして深夜に及ぶ話し合いになった、というのです。結局、踊りは変更されたそうです。待つこと、声をかけるタイミングは、大人同士の場合でも難しいものだということです。

そんな場合にも、みつばち保育園では長時間の話し合いを持っています。このようなことが積み重ねられているからこそ、保育のしかたや職員集団の子ども観や発達観、人間観が共有されていくのだと思われます。

3 子どもの見方が変わる親たち

二歳でむすめは大爆発

この「みつばち保育園」では、子どもと共に親も変わります。そのことがよく分かるのが次のNさん（二児の母、三八歳）の手記です。

専門学校を卒業後、すぐ保育園につとめました。日々、子どもたちと過ごす中で、喜びもいっぱい。だけど、ぶつかる壁や疑問もいっぱい。積み重なる疑問など解消されないまま保育は続き、何かが違うと思いはじめた頃――結婚。そして子どもが生まれた。

一年後、職場復帰するため、保育園探しを始めました。家の近くにある保育園に次々と電話し見学へ。その中の一つだったのが「みつばち保育園」です。電話の応対に好印象を持ちながら、園へ訪問した私は、まず園舎の設計に驚きました。他の園と比べ、区切られた部屋は少なく、ただただ広いホール！　この園舎でどのように保育がなされるのであろうか。そのときすでに一〇年の保育士歴があった私でしたが、正直、想像がつきませんでした。そして園長と面談。おだやかな話し口調の中にしっかりとした意志が伝わってきて、園舎を出る頃には「ここにこの子を預けたい」と私の気持ちは定まっていました。

福祉事務所から何度も「入れない」という電話を受けながらも、粘って粘って何とか入れてもらうことができました。

「みつばち」に入ったわが子は、ほんとにのびのびと遊ばせてもらい、日々がとても充実している様子でした。母の私はというと、仕事、家事、はじめての育児の大変さに目が回るような日々で、毎日必死だったことだけは覚えています。

その中で、毎月配布される「園だより」と毎月行われる「懇談会」が何よりの楽しみでした。何故なら、「園だより」では0歳～就学前までの保育がみっちりと書かれ、「懇談会」では、各家庭でうまくいかない子育ての悩みなど、他のお母さん方や先生とひざをつきあわせながら一緒になって考えることができ、今まで自分が保育の中で疑問に思っていながらも解消することができなかった答えが、そこにはいっぱいあったからです。自分が働いている保育園とは全く異なる保育園のあり方を知り、保育者の姿を見、いきいきと生活する子どもたちの姿を目の当たりにしたとき、私もこんな保育園で働きたい！　こんな保育を学びたいと思わずにはいられませんでした。

がしかし、自身の子育てはと言うと、子どもを親の都合で振り回し、余計な手出し口出しが多い、子どもにとって最もよくないものでした。

そんな保育を受けた娘は二歳で大爆発！　もうどうしていいやらわからなくなり、親子でお手上げ。毎日、ぶつかり合っていました。

そんなときにあったクラス懇談会で、初めて参加した夫が、

「このままだと、手をあげてしまいそうだ」

と、ポツリと一言。その言葉を担任が受けとめ、すぐに個人懇談を。今までの家庭での育児を指摘され、保育士としての保育観もガラリと変えられる大変重要な懇談となりました。

子どもにとって何が大切だったのか……。親として我が子に何をしてきたのか……。保育士としてどんな保育をしていたのか……。今までの考え方を全てくつがえす、親としても、保育士としてのプライドもあったものじゃない。私自身の全否定で

した。もうボロボロでした。悔しいやら恥ずかしいやら、いろいろな思いがいきかう中、娘に対する謝罪の気持ちが心のすべてを埋めつくしていました。

このままではだめだ……。なんとかしなくては……。でも、どうやって……。とにかく自分がかわらなくては。そう思い始めてからは、がむしゃらだったと思います。どうしていいかわからず、担任保育者に八つ当たりしたこともありました。そんなわがままな親をも見捨てず、寛大に受けとめてくれた担任。私がゆっくり成長していく姿を、今も見守り支え続けてくれる保育園の先生方。ほんとに何年も何年もかけて……。未熟な人間が、人として人間らしく成長できる、自分を見出せる環境が！　人と人とのつながりが！　そんな暖かい深いものが、「みつばち」にはあるのです。

大泣き長泣き娘

Nさんの手記は続きます。

爆発した娘がどのように変わったかも書かせてください。

一歳児で入園し、大切に保育された娘でしたが、家では、忙しく働き動く母の元で、あせらされた生活をしていました。テレビに子守をしてもらい、段取りばかりを考え、大人の都合を優先していた私は、更には「ああしなさい」「これはダメ」などなど、なんと口出しも多かったことか。家で娘の前でゆったりと腰を据えることもない母だったので、そりゃまあ、娘もなんともよく動く動く。落ち着きのない子に育っていました。そして口出しの多い母の声は、すでに耳に入らなくなっていて、全く言うこともきかない！

園に送っていくと、別れ際
「行かないで、ギャー‼」
夕方、お迎えに行くと、
「帰らへん。ギャー‼」
と。毎日がこんな状態。園でも有名な大泣き長泣き娘。

でも懇談を受けてから、生活の中で、何をだいじにしていくかをきちんと決め、TVもなくし、いらないオモチャもなくし、母はどっしり腰を据え、余計な手出し口出しも減らすようにしていくと、少しずつ少しずつ泣いてわめくことも減り、母の声も耳に届くようになり、落ち着いてきました。本当に必要なことだけを生活に取り入れる。これが大きなポイントだったと思います。

そんな風に一つ一つが見え出してくると、全てはつながっていて、ゆっくりだけど、家族の歯車も合いだし、おだやかな家庭になっていきました。子どもも一人の人間として認めて付き合う。お互いの弱さを出し合ってもいい。できない所は補う合う。そんな家庭になってきています。

次女はと言うと、親の失敗をよく見ていて、長女とは違い落ち着いています。親としても人間らしく、保育士としても人間らしく生きていきたいです。

この手記から、「みつばち保育園」の持っている力、親を変革する力がよく読みとれます。

父親が初めて参加したクラス懇談会で漏らされた言葉を担任がしっかり受け止め、すぐ個人懇談を持っています。「みつばち保育園」が、親の一人ひとりの悩みをそのままにせず、すぐそれに取り組む姿勢をもっていること、そして親の（また保育士の）保育観がガラリと変わるような、質の高い話し合いが持てる力を持っていることがよくわかります。もちろん、話し合いや懇談といっても、その基礎に日常の保育の積み重ねや、保護者と保育園との密なつながりがあることを忘れてはなりませんが。

「早く起きて！」「イヤー」

この子ども（Nちゃん）の様子をもっと具体的に知りたいと思って、お母さんに尋ねました。

「さあ、何を話したらいいのかなあ」

「じゃあ、朝、起きたところからでも……」

ということで、朝の様子です。

親は仕事に出なくてはならないので、家を出る時間が気になるのに、子どもは寝床から起きてこない。

「早く起きてよ」

「イヤ」

「時間に遅れるやないか。早く、早く」

「イヤーー」

となってくると、着替えようともしない、着替えさせようと手を出すと、

「イヤーー」

食事の時間もあまりとれないので、急《せ》きたてることになると、

「イヤーー」

汚い食べ方で、皿に残しているのを注意しても、言うことを聞こうとしない、という毎

朝が続くことになります。出勤時間に遅れてはいけない、保育園に遅れてもいけない、両親は毎朝イライラして困っていました。

その話をすると、保育士さんに言われました。

「その前にしなくてはいけないことがあるでしょう」

「えっ、それは何ですか」

この忙しい時間にまだしなくてはならないことがあるの？

そして言われたことは、〝子どもがその気になっていない。それなのにせかせて、やらせようとするから、やっかいなことになるのだ〟ということでした。

そこのところをどうしたらいいのか。M先生が話されました。

4 Nちゃんのリュックサック

「みつばち保育園」では、子ども一人ひとりがリュックサックを持っていて、自分のタオルや着替えのシャツやパンツなどを入れています。

リュックサックを置くところが決まっていて、子どもたちは、水遊びや泥遊びなどをしてシャツやパンツが汚れると、自分でリュックから出して着替えます。そして汚れたのをリュックにしまって、元の場所に置く、というのが当たり前のことになっています。小さい子も、自分でやろうという気が生まれてくると、大きいお姉さんお兄さんがしているのを見て、同じようにするようになっていきます。

ところがこの大泣きのNちゃんは、リュックをポイと捨てておくのです。保育園の中だけでなく、道にほうり出しておくので、親が保育園に持って来ることもありました。だからNちゃんは、着替えようと思っても、どこに自分のリュックを置いたかわからず、あちこちを探さなくてはなりません。それでもNちゃんは、リュックを決められたところに置かず、ほうり出したままという状態が続きました。

ここで、多くの保育園と違うのは、そのとき誰かが、

「Nちゃん、ここにあるよ」

と言って教えたり、持って行ってあげたりしないのです。そして親たちも、今、拾ってあげたらいいのか、放っておくのがいいのか、自分の経験をもとに考えるようになっていきます。他人のことにすぐ手を出さない、手を貸さない、その人のことはその人自身がやるのが当然だということが、保育園の子どもたちにも行き渡っています。

Nちゃんが今、その課題に向き合っていることも、大人はもちろん、多くの子どもたちも知っているのです。そんなことが今までにも何回もあったからです。自分がそうだった子もいるでしょう。その子自身がやる気になることがだいじなのです。「外から手出し口

出しをしない」ことがだいじなのだということが、保育園全体の共通認識になっているのです。そして、その子がやる気を起こし自分でやったときには、職員もみんなに伝え合い、みんながわがことのように大喜び……となります。

そう言えば、この章の冒頭部分で紹介したように、

「おばちゃん、その子、自分で履かはる。手伝わんでいいよ」

とか、

「おばちゃん、口出さんといて。ボクが自分で言うから」

と子どもに言われたことを、参観の園長たちが驚きと感心の気持ちで野上園長に言っていたことが思い出されます。

さて、Nちゃんのリュックサック問題です。保育者の一人がNちゃんの素敵なリュックサックを肩にかけて、知らぬ顔でクラスのみんなといっしょに動くということをやってみました。園長さんも、

「Nちゃん、リュック、どこにあるの」

と声をかけたりしました。

食事の前など、遊んだあとのどろんこのシャツでは……と、友だちも気になります。着替えのシャツがない。

「困ったなあ」

と先生も言いますが、このNちゃんは「それ返して」と言えなかったのです。気がついているのかどうか、最初は知らん顔でした。そんな状態がしばらく続きましたが、そのうちにリュックを気にする表情を示すようになり、とうとう自分のリュックだと言葉に出して言えるようになりました。

それからあと、自分のリュックを自分で扱うようになっていきます。周囲の友だちみんなが自分で自分のリュックを扱い、自分の物をさっさと出し入れして、そして次のことに移っていく、それを見ているからNちゃんもその気になっていきます。その子自身のやる気（意欲）と集団のもつ教育力が重要であることがわかります。その根底には子どもに対する大きな信頼、人間に対する信頼があることを、私たちはしっかり認識する必要があると思います。

実はこのNちゃんのお母さんは、現在、野上さんのあとを継いで「みつばち菜の花保育園」の園長をしている野田さんです。自分の子どもを〝大泣き長泣き娘〟にしていた母親Nさんは「みつばち保育園」に出会い、〝これだ！〟と思って勤めていた保育園を退職し、「みつばち保育園」で働くことを願い続けていました。そして、やっと職員になり、母親と保育者が一体ということを身をもって実践してきたのです。野上さんも野田さんも親であり同時に保育者です。

変化、発見が毎日のように

親が変わる、子どもが変わる。それはもちろんNちゃんの場合だけではありません。障害のある子どもとそのお母さんのことを、お母さんの手記からの抜き書きで見てみましょう。

（前略）

みつばちに出会って、りきが障害児だということを忘れてしまう程、楽しく毎日を過ごしています。

生まれたときは早産のうえ、仮死状態、頭蓋内出血《とうがいない》……二カ月間入院。

（中略）

「りきは最悪なんですか⁉」

と涙をこらえながら、やっと口にした私に、O医師は、

「最悪ではないよ。お母さん、今、りき君にとって一番必要なのはＡＣＴＨ*なんや」

と。O医師を信じてみようと、すぐに入院治療。

ＡＣＴＨ後二日目で発作は消失、脳波も徐々に改善。最大の癒やしである笑顔も発症後三カ月ぶりに戻った！　嬉しかったなァ。

追視、お座り、指差しなど、これほどまでに発達について注意を払い、意識し、一つ一つのことに幸せを感じるなんて、長女、次女のときはありませんでした。何もかも当たり前に思い子育てをしていた私を、恥ずかしいとさえ思わせてくれました。

通園施設に入園し、療育、ＳＴ、ＯＴ、ＰＴの訓練＊＊を始める。歩行は無理かと思っていたりきが、ずりばいし、四つ這いし、高ばいし、立ち上がり、歩いた！　ゆっくりだが着実に成長していくりき……

しかし通園施設退園という現実。その後の行き場がない。（略）

みつばちにも断られたらどうしようという不安で、電話をするのにすごく勇気が要りました。

「Ｋ診療所に通っている子どもさんかな。Ｏ先生から聞いてるよ」

その一言で（ああ、ここでは、りきのこと説明しなくてもわかってもらえるんだ。りきのこと知った上で一度おいでと言ってくださる！）と、涙が出るほど安心感に包まれました。

この電話から、りきと私のみつばち通いが始まりました。

野菜ちぎりも楽しい

通園施設や家庭で見たことのなかった行動や変化、発見が毎日のように見られました。

「こんなこと、初めてです」

と、何度職員に言っただろう。

園長と嬉しさのあまり、号泣しながら握手をした入園決定の日から、早四年三カ月。素敵に育ってくれています。その中でも、脳波の改善、抗てんかん剤の減薬、斜視の改善、眼鏡がとれるなど、はじめはあきらめていたことの信じられない現実に、計り知れない嬉しさを感じています。

その理由はやはり、日々のロールマットやハイハイ、職員の方々の丸ごとりきを受け入れるオーラ！りきを取り巻く全ての環境があります。

指先を使うことの大切さを保育の中で。水や土の感触、カボチャのたねとり、タマネギの皮むき、豆のさやむきなど、いろいろなそれも何も特別なカリキュラムでも何でもない、生活していく上での普通の営みが作り出している事実。音をとらえ、自分自身が気持ちよく「やりたーい」という身体を作り出すリズム。それにかかせないロールマットやぞうきんがけ、手押し車。

眼力も気持ちも体から……という意味が少しずつではあるが理解できてきました。遅れているなら少しでも早く、と考えがちな早期教育も、身体ができてこそ。（以下略）

＊　ＡＣＴＨは副腎皮質刺激ホルモン
＊＊　ＳＴは言語聴覚士、ＯＴは作業療法士、ＰＴは理学療法士による訓練

りき君の大きな変化、お母さんの大きな変化、それを作り出したのは、みつばち保育園の何なのでしょうか。それをしっかりつかむことが、この本の目的です。もう一つ実例をあげましょう。

大きなお家

保育園は、国の施策としても「地域子育て支援センター」として位置づけられているので、園によって形は異なりますが、地域の入園児以外の子どもたち親たちにもいろいろな形で関わりをもっています。

桜ちゃんのお母さんも、入園する前からみつばち保育園に来ていた一人です。次は桜ちゃんのお母さんの手記の一部です。

（前略）

生後五カ月で点頭てんかん（ＷＥＳＴ症候群）であることが解りました。初めての子どもということもあり、かわいく愛しく思うのと同じ位、この先が不安、心配で、何をどうしたらよいのかわからず、手あたりしだいに「良い」といわれることは何でもする、よいという食べ物は何でも食べさせる日々。今思えば毎日が一杯一杯でした。（略）

みつばちの保護者の方が

「一度、みつばちの園長に相談したら？　きっと力になってくれるよ」

とアドバイスを下さいました。私の中で「どうせまた断られる」と、みつばちへ足は向きませんでした。そんなことがあっても、その方は保育園のバザーのチラシを渡してくれました。

「あそびにおいで、園長にちょっとだけ話しておくね」と言ってくださり、

「そんなら……」

と私の「良い物」何でも～の気持ちで、冬バザーにお邪魔しました。
その日が、わが家とミツバチ保育園との初めての出会いの日でした。園長先生は、
「桜ちゃんに会わせて」
と言われ、言われるがまま会わせました。「会う」というより、食事をしている
テーブルに乗り、ひとのお皿の中に手を突っ込み、フラフラと歩き回る桜の姿を見て
もらうことでした。
「お母ちゃん、お仕事してないよね。それなら明日から毎日、桜ちゃんと一緒に遊
びにおいで」
「えっ!!　えーっ⁇　そんなのいいのですか⁇」
と私。
「遠慮してる場合じゃないで。私が、ええよって言ってるんやからええんや。おい
で」
と、にっこりしてくださいました。
今まで関わった保育園とは一八〇度違う答えと、ニッコリの顔の中に真剣に桜のこ
とを考えてくださっていることが伝わって来て、

「もしかして、今の私に力を貸してくれるかも」

と、何も知らないまま言われるがまま、次の日から二人での保育園通いが始まりました。

桜の〝今〟やらなくてはならないこと、親として何をしたらよいのか、大切にすることを教わりました。

毎日〇歳一歳の子どもたちだけでなく、大きなホールで、大きなお兄ちゃんお姉ちゃんと関わりながら、水遊び、ドロ遊び、外遊びを一杯して、お野菜たっぷりの給食、そしてたくさんの先生方に声をかけてもらい、少しずつ少しずつ桜の姿が変わってきました。

知れば知るほど桜に、そして親の私にもみつばちの保育は必要だと思う日々の中、フッと思うことがありました。それは、以前読んだ「さくらさくらんぼ（保育園）」の斎藤先生の本の中の子どもたちの姿に似ていることに気がつきました。職員の先生に聞くと、同じ保育を目指していることを知り、「これは運命や」と、そして絶対この保育園に桜を入れたいと強く強く思ったことを今も覚えています。

冬バザーの日から四カ月、毎日親子で通いました。気がつけば、長かった桜の髪の毛も、長年のばしていた私の長い髪も短くカットし、ジーンズ姿で始まった私もジャージで通うように……（園長に「長い髪の毛はかわいいけれど、邪魔。いらないね」と言われたそうです）。

（略）

入園してから年長組まで、親も子もたくさんの出会いと色々な経験をさせてもらいました。秋の西山高原の園庭での運動会では、しなやかな体と、自分自身を信じる強い心を見せてくれ、限りない子どもの力を私に教えてくれました。「はばたき会」では、一年一年の成長をみつばちみんなでお祝いし喜びました。年長（組）のリズムは、自信に満ちた子どもたちの姿がありました。そして子どもたちのそばには、いつも安心し心を寄せ、受け止めてくれる先生と親の子どもたちを見守る暖かい視線がありました。

このとき、この保育園は大人にも子どもにもほんとうに「大きなお家《うち》」であると思います。

桜もみんなより歩みは少しゆっくりでしたが、先生や保護者の方、クラスのお友だちに支えられ、何でもできるようになりました。

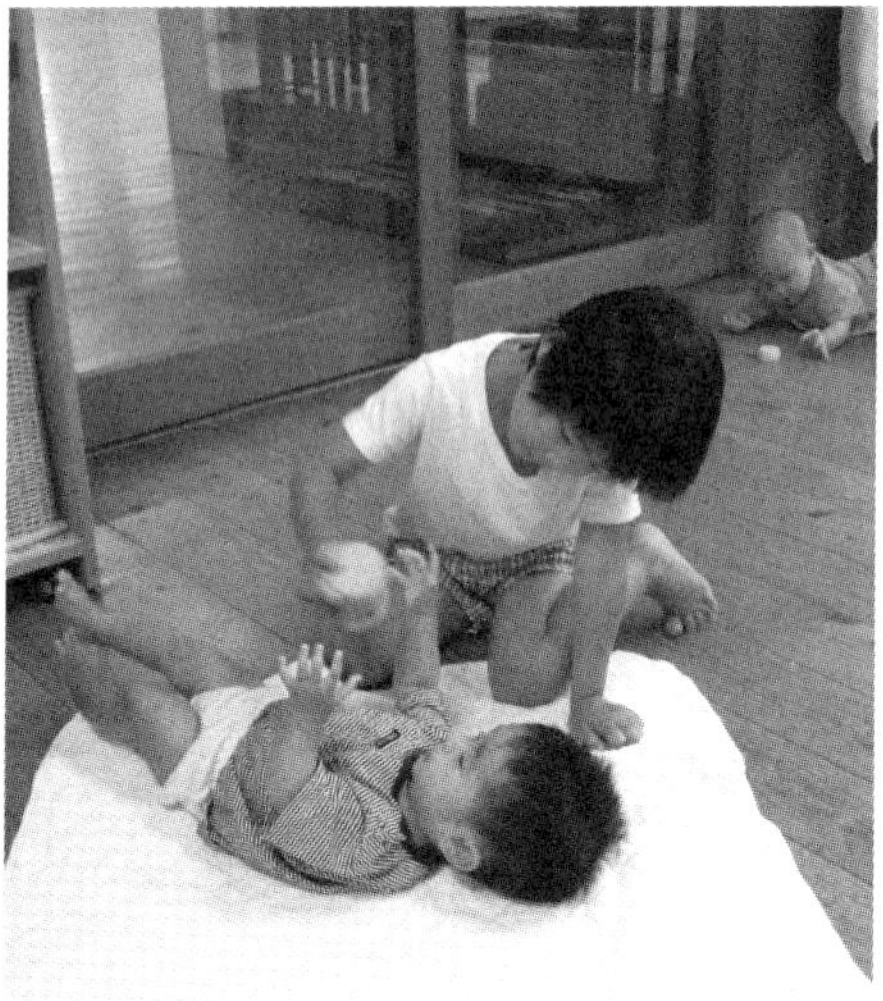

「大きなお家」ではおネエちゃんが……

何より、私に「桜はできる」ということを教えてくれました。ハンディはあれど、子どもの可能性と信じることをこの保育園で教わりました。

卒園式にはクラスみんなでフラメンコに取り組み踊って見せてくれました。集中しステップを合わせ踊る姿はほんとうに素敵でした。もちろん、その中に桜もいました。（以下略）

みつばちの多くの親たちには、わが子が雲梯を渡ろうと何度も落ちては落ちては挑戦し、「できた」と言ってきたときの喜びや、子どもが自分で苦労し自分でやることのだいじな意味を知っているだけに、ほかの子どもが苦労して自分でやろうと努力しているのを見守る目にやさしさ暖かさがこもっているのは当然といえば当然のことです。それが全体として「大きなお家」という言葉になって現れているのです。

そして子どもたちは、世間で言われている〝競争〟ではなく、自分自身の課題に自分で挑戦しているので、いつも意欲的で、達成、向上するたびに自分にすばらしさを感じ、自信をもつようになっています。

こうして人間としての自立の力、主体性の確立が進みます。

では、子どもにそのような変化を起こす「みつばち保育園」を、さらに具体的に見ていきたいと思います。

4 子どもはやる気満々

朝のぞうきんがけ

子どもたちは、朝、保育園にくると、先生が集まるように声をかけるまで、走り回って遊んでいる園が多いのですが、みつばち保育園は、少し、いや、かなり違っています。

子どもたちは登園して、自分の持ち物を入れたリュックサックを決められた自分の場所

やる気満々のぞうきんがけ

に置くと、さあ、朝の活動が始まります。

一つは床の掃除、ぞうきんがけです。

家庭でも自分たちの居住空間、部屋、廊下などは、きれいにしておきます。保育園でも同じです。掃除はお母さんだけの仕事ではなく、みんなできれいにするのは当然のことです。そして子どもはやりたがりで、周囲のやっていることをまねてやってみたい、何でもやってみたいのです。発達のまっ最中で、意欲満々ですから。

お兄ちゃんお姉ちゃんがホールや部屋の床を、スーッといい格好で拭いているのを見て、小さい子もやってみたくなります。やりたそうにしていると、そばに来て教えてくれる人がいます。別に急いでここからここまでは自分が早くやらないとーなどという、割当てや競争があるわけではないのですから、小さい子に教えるのも嬉しい活動です。斜めに進んでいれば、すぐ注意されるでしょう。家族だって小さい子には同じようにします。

みんなで自分たちの居場所をきれいにするというだけのことです。義務感とかやらされてやっているのではない「ぞうきんがけ」なのです。遊び心も働いています。向こうから進んできた子と正面衝突なんて何度も起こります。顔を見合わせ、右左にすれ違うのも、電車ごっこと同じように面白いのです。

しかし「ぞうきんがけ」も掃除という一つの労働であることに変わりはありません。きちんとやってこそ床がきれいになる。床がいつもピカピカ、というのは、いつも労働の成果を確かめ、満喫していることになります。そして集団的活動である労働は、社会的価値を作り出すと同時に、学習も活発に行われます。

みつばち保育園では、「ぞうきんがけ」を体の運動としてもだいじに位置づけています。手の動きや役割、指の位置、力の入れ具合、足の運び、足指の使い方などもていねいに教えられているので、誰もが美しい姿勢でつーと進んでいきます。

小さいときからの、体の動き、筋肉の動きなどが発達との関連からも重視されています。寝返り、両生類ハイハイ（ワニの動きのようなハイハイ）、高這い（膝をつかない四つ這い前進）など重要なポイントがいくつもありますが、足、膝、腰の位置、動き、特に足の親指のしっかりした働きも重視されています。それがこのぞうきんがけの中に織り込まれ、何回も何回も繰り返して実行される仕組みになっているわけです。

子どもたちがやらされている運動と違って、掃除という労働の値打ちも感じながら、遊び心も持ちながら、もう一つ、体を動かす快感、筋肉を屈伸させる快感などを味わいながらやっているところが、みつばち保育の大きなポイントです。

体をさすってもらったり、ゆさぶってもらったりして、安心感と喜びを全身で感じ、足を使って寝返りをし、自分の体を自分が主人公となって動かす喜びなど、小さいときから、体を動かすことの気持ちよさを知っている、知る、身につくように育てられているのがみつばちの子どもだと言ってよいと思います。

それは朝のロールマットの運動の場合にもよく現れています。

朝のロールマット運動

朝、登園直後の活動には、ぞうきんがけのほかにロールマットの運動があります。巻いたマットを使って、体の屈伸運動をするのです。やらされてやっているのではなく自分でやっているのです。体を動かす快感、喜びを知っていなければ、こんな運動を自発的にすることはないでしょう。もう一つの要因には、雰囲気というか、集団全体がその気になっているということがあげられます。

私がお母さんと先生と三人で話をしていたとき、それがなかなか終わらないので、お母さんともう家に帰るところだった女の子が、待ち兼ねてマットをホールに引っ張り出して、一人でロールマット運動を始めたのです。退屈しのぎとも言えますが、遊びみたいなものなのです。つまらないイタズラを始めるのでなく、手近にあったマットで遊びを始めたようです。そして一〇分くらいすると自分でマットを片付けていました。

このことを見ても、みつばち保育園の子どもが、体を動かすことに喜びを感じ、自分が自分の主人公になっていることがわかります。やらされてやるのでは、こんな行動は生まれません。

朝の活動にはもう一つ、こんな活動が行われています。

野菜ちぎり

朝、登園した子どもたちがすることのもう一つが、調理場の前に行って、その日の給食の材料の豆の殻むき、レタスやこんにゃくちぎり、ジャガイモの皮むきがあります。きのこや切り干し大根のパックの袋をちぎったり、うどんやそばを半分に折る仕事もあります。

別に当番でやらされているわけではありません。職員の仕事の大変さを見て知っていることも、これが自分たちの昼の食事になるのだと知っていることも、家での食事の用意の大変さを知っていることも、子どもの心をやる気にさせる要素でしょう。

一日の流れで言うと、ロールマットもやったし、ぞうきんがけもした。こんどは調理場だ、とやってくる子もいるし、調理場の前に積まれているジャガイモを見て、

「よし、ジャガイモの皮むきだ」

と、一番に調理室の前にやってくる子どももいます。

調理室の前は広くしてあります。昼間里親（京都市の家庭保育の制度）時代もそうでしたが、家庭のように子どもたちも一緒に食事の用意をするのはごく自然のことです。

さらに、調理場のカウンターも、子どもたちと会話、交流ができるように低めに作られていて、調理場から子どもたちの顔を見ながら話ができます。

「Sちゃん、今日お父さんと来たね」

「お母ちゃん、ちょっと具合が悪いの」

「そりゃいけないね。じゃあ、帰るときもお父さんが来るの？」

「うん」

と、調理室の職員も子どものことに詳しいし、保育を保育士たちと同じようにいっしょにやっているのです。

建物はホールをほぼ中心にして、園庭も保育室もだいたいどこからでも見渡せるように作られています。調理場からも子どもたちの動きがよく見え、子どもと調理師さんたちとの関わりは保育者とあまり変わりがありません。

その調理室の前で、レタスをちぎる子どもたち。

包丁を使うことについては、ここで触れる余裕はありませんが、使っています。

「今日のメニューは何？」

「今日は酢の物」
「そんなら薄く切るんやな」
という具合で、子どもたちの見通しをもつ力を育て、その力を駆使する活動にもなっているわけです。

「きょうはサンマだね」

大きい子がやっているのを見て、小さい子もやってみたいという気になるのは、家庭でキッチンのお母さんのやっていることを、子どもがやってみたいという気になるのと同じようなものですが、それが保育園という集団なので、この集団の教育力は大きいものがあります。

家庭で、お母さんは作る人、私食べる人と分けてしまうのは果たしてよいことなのでしょうか。みつばち保育園の調理場の前でのこの活動は「大きなお家」の家族の役割分担という面もあり、また子どもが興味・関心をもつことを保育活動に取り入れているという面もあります。子どもたちはやる気満々でやっています。野菜など自然からの食材に働きかけて食べられるようにしていく過程に参加し、それを自分のものにするという面もあります。

このような活動は、指の動き、注意力、集中力、持続力、共同でしごとをする、見通しをもつ力を育てるなど、発達、学習、教育の視点から見ても、たいへん豊かな中身のある活動です。

「これ、ちょっと匂いがする」

「そうやな。これ、朝、ぼくらがちぎったホウレンソウや」

ということで、自分も関わった喜びもあって何でも食べる子になる、また〝好き嫌い〟を克服することにもつながっています。

しかし、調理室の前に来ない子どももいるでしょう。そのときはどうするのでしょうか。M先生の答えはこうでした。

「なぜ来ないのか？　この子の日常の動きを改めて職員の間で見直します。ブラブラしているけれど、ほんとうに遊んだことがなかったり、中途半端な遊び方で終わっているな、とか、自分で自分の生活をつくれていない、みんなの動きに入れてない、などのことが話し合われ確かめられます。こうして共通認識、共通理解がつくられると、次は働きかけを工夫する、というように取り組みを進めます」

声をかけて誘えば仲間に入ってくる状態の子どもでも、「みつばち保育園」では、「よーし、自分で決めて動き出すときが近いぞ」と、見て見ないふりをして待つようにしていることが多いようです。

一人ひとりの子どもの様子、変化を、たえず職員同士が話し合い伝え合って共通認識を持つことをだいじにしています。すれ違ったときでも、

「◇◇ちゃん、◯◯したよ」

という具合です。みんなが、一人ひとりのことを気にかけ、その課題に応じた対応をするようにしているのです。

見つけた、面白い、もう一回

みつばち保育園でだいじにしている子ども像、日々の子どもたちの動き、そして保育者の考えや願いは、クラス懇談会や保護者への「おたより」などで保護者に伝えられます。「給食室より」というページもあります。ここでは一歳五カ月〜一歳一一カ月の「つくし組」のページを少し紹介しましょう。

この春、初めての保育園生活を送る子どもたち、始めてホールでの生活を送る子ど

もたちで始まった「つくし組」です。子どもたちの瞳に広いホール、みつばちっこの保育園生活はどんな風に映ったのでしょうか。

朝、大きい子どもたちがお父さんおかあさんと一緒にするロールマット、ハイハイ、雑巾がけ、子どもたちみんなで歌う元気な歌声。園バスが門の前にとまり、「いってらっしゃい～」と大きく手をふるみんな、送られて乗り込む大きい子どもたちの姿、ホールではリズム運動のピアノが聞こえはじめ、調理場からはおいしいにおいがただよってきます。

そんな生活の日常の一つ一つを、「あれなあに？」と目を見はって見つめ、「見つけたね～」「おもしろい（楽しい）ね～」と笑顔を交わしまた見つめる。そんな毎日を大切にすごしてきましたよ。

そしてそんな中で、思わず「あっ、やってみたい！」と動き出す姿、歌い出す姿。「もういっかい～」と何度もするなかで、一緒に楽しむという楽しさを、十分楽しんできたつくし組です。

移動車に乗っての近場散歩も毎日楽しんで出かけました。すれ違う人たちに「おはようございます」と声をかけ、遠くに走る阪急電車を見つけると、じぃーっと見つめ、バイバイと手を振ったり、飛び跳ねたり、「きたー」と指さしして教えてくれます。水の音がする田んぼの中をのぞきこみ、近くの神社めざします。

神社では、大きなくすの木を見上げ、境内の石段を四つ這いになってのぼりおり。数段の階段も、子どもにとっては大きい段差です。手、足で高さを確かめてののぼりおりは、まさに手探り、足探りです。のぼりきったと目を輝かせてまわりを見渡し、お友だちを「お～い」と呼んで、また「行こう」「まて～まて～」と追いかけごっこが始まります。

それを見て、いままでは歩き始めた子どもたちも一歩一歩足をふみしめふみしめ、追いかけていきますよ。

5 父母たちの活発な組織活動

父母の立場、役割

みつばち保育園の活動や運営には父母集団が大きな役割を果たしています。多くの保育園の父母は保育園側の提案や取り組みに受け身で、できる範囲で協力するというのが一般的なように思いますが、みつばち保育園ではそこが違います。野上さんが昼間里親を始めるときも、認可保育園をつくるときも、父母も園長も職員も丸ごと一つになって、力を出し合って要求実現のために動きました。つまり父母も保育園をつくる側の立場に立っています。父母たちが主体性をもっているところが「みつばち」の重要な軸の一つです。

開設のときから保育の場所も保育をする人も、自分たちで作り出してきました。もちろん昼間里親制度とか認可保育園として京都市や国（政府）も行政としての役割を担っていますが、父母たちはわが子を預けて保育してもらうという依存ではなく、自分たちが子育ての主人公だと考えているのです。

園の子どもが大人数になり、社会的制度に支えられた「認可」保育園にしようという方向を打ち出したときも、父母集団は時間をかけて話し合ったうえで、見通しを立ててみんなで決定しています。「みつばち保育園をつくる会」を組織し、二億円の基金を集める壮大な計画を立てることができたのも、民主的な討論で、一人ひとりの主体性のもとに決定したのです。

それが形のうえだけでない主体性は、あとで述べる実際の活動を見ればよくわかります。みんなが納得できて、それぞれの自分のものになるまで十分話し合うところが重要なところです。それでこそ主体的になれるのです。先にあげたいくつもの例でも、子どものことについてよく話し合う、厳しいというほどまで深く話し合っていました。だからみんなが主人公になって、その後の取り組みが大きく前進するのです。

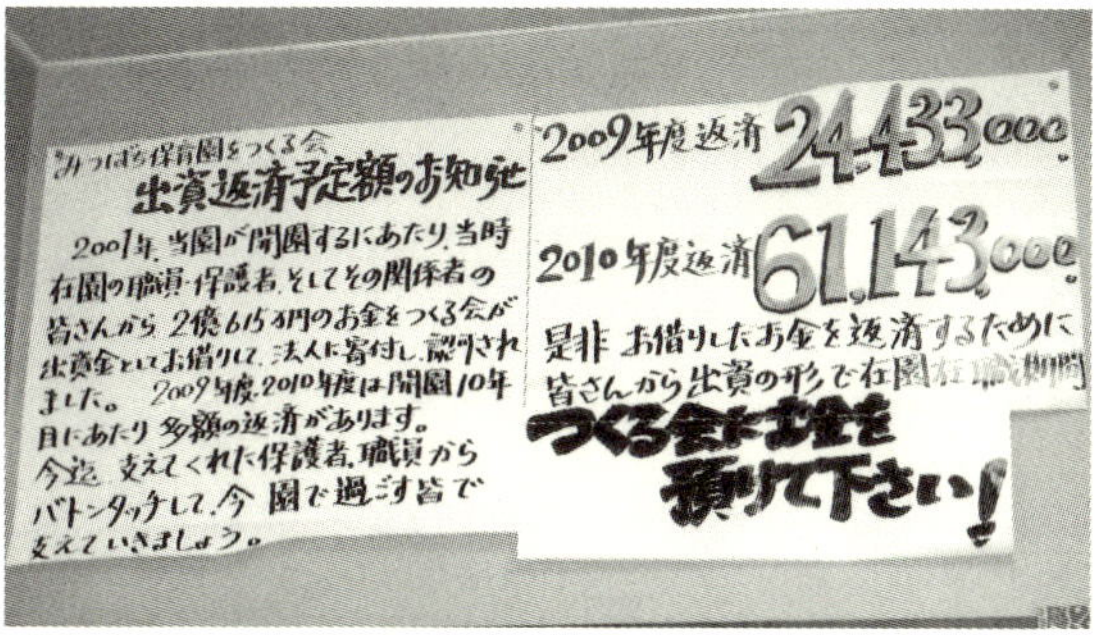

力の入った資金運動は保育園の壁にも

みつばち保育園をつくる会

狭くて小さな保育園を、子どもたちが活発に生き生きと活動できるような、制度に対応した認可保育園にするためには、新しい土地を探し、二億円もの大金を作ることから始めねばなりませんでした。「みつばち保育園をつくる会」（以下「会」とします）の仕事は最初から大仕事でした。

大部分の資金は一時的に借りる形で集められました。保護者も職員もＯＢもみな、自分たちの保育園を認可保育園にするのだ、設備もぐんと良い保育園にするのだと、周囲の人たちに訴え、ようやくお金ができたときは、さぞ嬉しかったことでしょう。

でも、大変なのはそれからです。毎年借りたお金を返

みつばち保育園をつくる会だより（2008 年 4 月号）

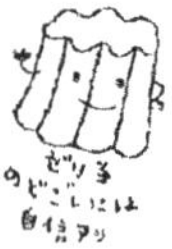

＊イベント部＊

2007年5月12日	親子劇場		収益 115,820 円
6月　3日	風人の祭	出店	収益　53,945 円
12月　1日	親子劇場		収益　93,608 円

2008 年度は親子劇場の他、みつばちや地域の親子の「こんな講座をしてほしい」をかなえていきたいとおもいます。みんなの「たのしかった！！」が私達の励みで～す。

＊こづち部＊

月々の基本料金（カンパ）と活動で各部目標額の 200 万を目指し活動する職員の部です。

今年も**目標達成!!**しました（がんばりました！）　**２１０万**です。

活動では、みなさんご存知のとおりの物品販売（チョコレート、うどんすき、合研シなど）、研修先での販売、学童保育、学習会の取り組み、GWの西山アトリエ村の出展、おもちつきと思いつくまま（？）の活動をしてきました。来年度もがんばりま～す。

＊インターネット部＊

その日その日の子どもたちの様子を知らせていく **"今日のみつばちっこ"**（ブログ）を始めました。毎日の更新を楽しみにしてくださっている方も多く、今では累計 1200 アクセス以上、一日 50 人以上の方が観覧されるほどです。

保護者の方も「みたよ～。とってもステキ！！」「子どもたちの様子がよくわかる～！！」と、嬉しい言葉もいただきます。

そんな喜びも含めて、先日部会を持ち今後について、園内だけにとどまらず、「どんな風につくる会へとつなげていくか」このことを何よりも大切に考え

① ホームページのリニューアル

② 各部との連携

などなど、活動を広げていきたいと思います。

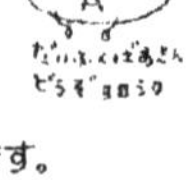

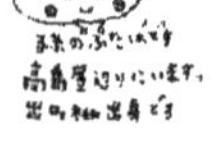

URL　htto：//　mitubatikko. com

Ｇｏｇｌｅ　でも「みつばち保育園をつくる会」で検索できます。

済していかなくてはなりません。「会」の大仕事です。認可保育園になってから加わった保護者たちにも、これまでの自分たちがやってきた経過を話してわかってもらい、新しい保護者自身が保育園を支え運営する立場に立つように働きかけて、職員も保護者も、以前の保護者もいっしょになって、今も資金づくりの活動を展開しています。

「会」はそのために、「こづち部」「事業部」「イベント部」「インターネット部」「資金協力部」などを作っています。そして、それぞれの部の活動状況、資金づくりの進行状況を会報（前ページ）で知らせ、みんなが他の部のことも知り励まし合っています。

保育園の玄関にはいろんな部からの訴えや報告が掲示され、そのときそのときの家庭に必要なものを販売している父母の仲間がいます。子ども送迎の時間は、

「このあいだのそうめん、おいしかったよ」

「お米の注文は今週中です」

とおしゃべり。市場のような活気で盛り上がりますが、ただの買い物ではありません。それは自分たちの「会」の活動なのです。だから、やり甲斐もあるわけです。

総会は新郎新婦の入場から

新しく入園した子どもの保護者たちは、今までの保育園づくりの経過や苦労を知らない

ので、「会」のことをわかってもらうために、いろいろ努力と工夫がされています。新年度初めに説明会をもつのは当然ですが、こんなこともされました。

保護者会と「つくる会」の会員はかなり重なっているので、二〇〇八年度は両方の総会を結びつけて行うことにしたのです。そして二つの会が密接につながっていることを現すため、開会は二つの会の会長が花嫁花婿の仮装をして入場してきました。みつばちでは、保護者活動も楽しみながら取り組むことが普通になっているので、新郎新婦の仮装も会場のつくりも工夫された楽しいものでした。

それぞれの会の活動の報告は、全体報告はもちろん、各部の報告もよく準備されていて、わかりやすく簡潔なものでした。用意した文を読む人があるかと思えば、要点を親しみのある口調で説明をする部長さんもあるといった具合です。画一的でなく肩のこらない、しかし内容はきちんとしている総会だったので、出席していた私は、ここにも「みつばち保育園」らしさを見る思いでした。

合唱コンクール

やるべきことはその意義をしっかりつかんでやる気になって、主体的にやっていく。それもみんなが力を合わせてやる。いっしょにやるのは楽しい、それがみつばちの大人たちのやり方です。

子どもたちが元気に楽しく歌っている、よーし、大人も歌おうということになる。やるなら盛り上げようと、合唱コンクールが企画されました。

園の保護者全体の名簿から、順にABC、ABC……と振り分け、今までなかった三つのグループをつくりました。交わる機会の少ない者同士も、この機会に親しくなろうというのですから、グループの作り方からなかなか積極的です。歌の練習時間があまり取れない中で、公平を期して場所も時間も割り当てられました。ところが練習が進んで熱が入ってくると、この割り当てでは足りない、もっと練習したいと、早朝の出勤前に特別アサ練をする組までもでてくる盛り上がりようでした。卒園児の保護者は、私らもやろうと自主的にグループをつくって参加してきました。

発表会当日も、仮装した指揮者を先頭に入場してくるグループがあるかと思えば、すてきなハーモニーでクラシックの曲を聞かせるグループもあり、よく知られている歌を手話を交えて歌うグループ、沖縄の三線《さんしん》まで登場するという具合に、それぞれが独自の企画を発揮し、内容豊かなコンクールになりました。最後に賞状を受け取るとき、思わず涙をこぼすお母さんもありました。どんなにみんなが本気で一生懸命だったかがわかります。そして終了後は「パパレストラン」と名付けた、お父さんたちが腕を振るった昼食が出ました。みつばち保育園では、このようにみんなで楽しく共同の子育てをしているのです。

ちなみに、翌年の合唱の取り組みはさらに発展して、京都で行われた「日本のうたごえ祭典」に出場するまでになりました。

どの子もわが子

みつばち保育園で、子どものことを話し合うとき、よく聞かれる言葉に、「どの子もわが子」そして「大きなお家」というのがあります。

そこには、〝一時間いくら〟というビジネスの仕事とは全く質の違う〝人間の営み〟としての保育、子どものつながり、大人のつながり、関わり合いがだいじにされています。

「子どもの守《も》りをするのに専門性はいらない。経験などそんなに重要ではない」などと恐ろしい発言をした人がいました。今、日本では規制緩和を進め、福祉・保育にまで〝経済〟〝そろばん〟優先の株式会社の進出も許容される方向が広がりつつあるという深刻な現実があります。

これだけ〝人間らしさ〟と離れ、〝人間らしさ〟と対立し、〝人間らしさ〟を壊していく経済・生産が、社会に支配力をもっているときに、「子どもは放っておいても育つ」とか、「子育てはお母さんの仕事だ」、家族の自己責任だというような考え方では、複雑な社会問題をかかえる今の社会で、まともな子育てはできません。周囲には子どもが喜びそうなものを売って金儲けをする流れ、競争させて使える人だけ取って、あとは切り捨てる流れ、そんな濁流のまっ只中で、親は苦労して子育てしているのです。子どもが将来人間らしく生きられるためには、人間らしさをしっかり身につける保育がだいじです。

人間らしさとは、人間的なつながり、関わり合い、共同によって育つのです。この人間的な「つながり」「関わり合い」「共同」を体験し、身につける場を保障することは、意識的な取り組みがなくてはできないことです。一日子どもを預かったから何千円、給食一回何百円、そのようなやり方では、人間らしい子どもを育てることはできません。

みつばち保育園の「どの子もだいじ、どの子もかわいい」という家族のようなあたたかい結びつきであることを確かめ合うという意味で、「どの子もわが子」「大きなお家」という言葉ができてきたと思います。その中でお互いを尊重した人間的な集団性と、それだからこそ生まれる共同、学習・発達の働きを重視しています。また、子ども一人ひとりが、「自分が決める」「自分がやる」という主体性を育てる保育を進めているのです。

第五章

だいじなことはみんなのものに

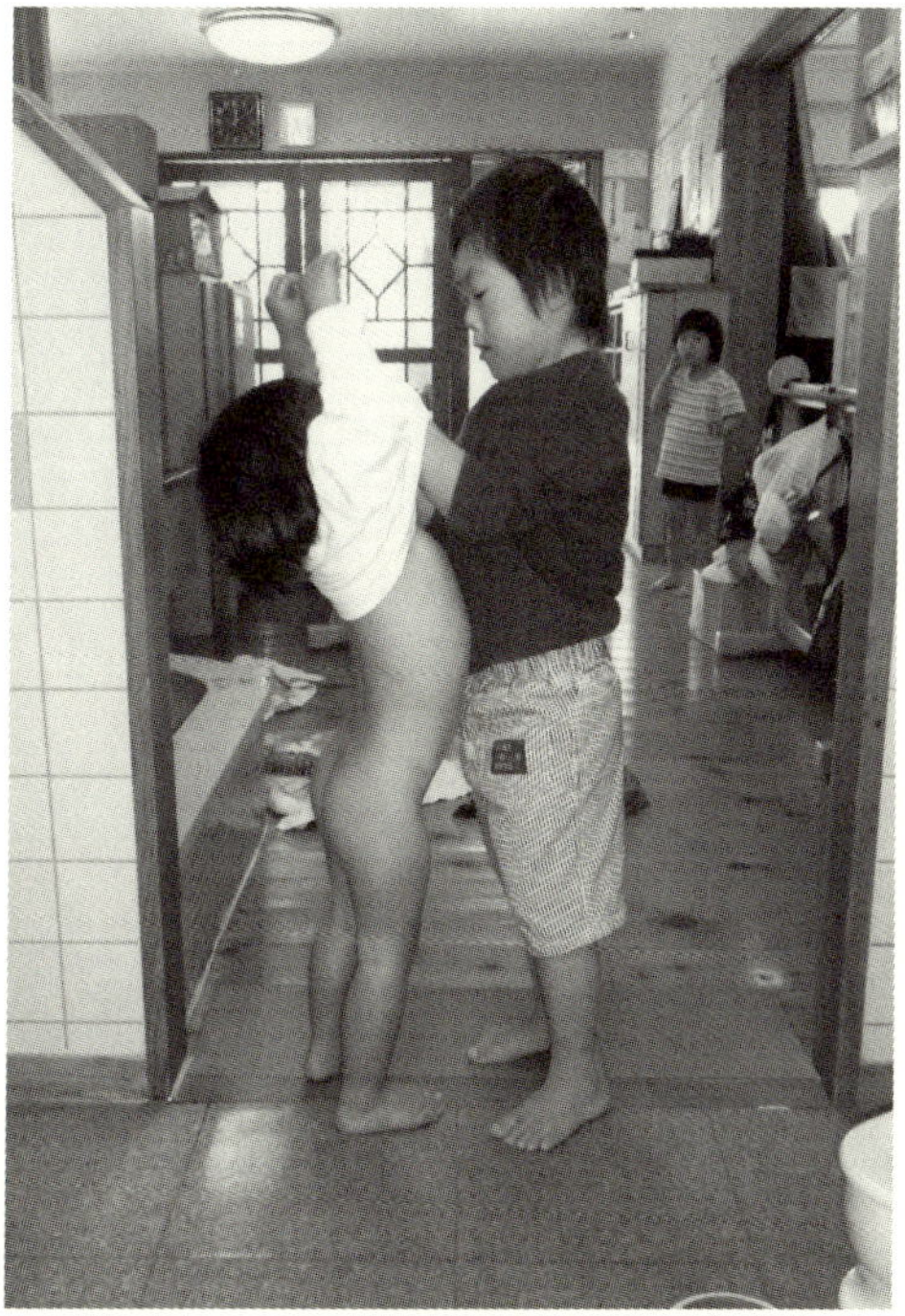

1 「いらんことはしない」

第四章は数年前のみつばち保育園の記録で、その後、第二の保育園として「みつばち菜の花保育園」がつくられ、野上さんはその園長を務めておられましたが、退職され、現在（二〇一六年）は、ほかの仕事にかかっています。その野上さんにお会いして、少し話を聞くことができました。

保育では、「要らぬことはしない」ということをだいじにしてきたという話が出ました。多くの家庭や学校では、親や先生は子どもに〝ああせよ〟〝こうしなさい〟と口を出すことが多いものです。「みつばち保育園」では、〝要らぬことをしなければ、ありのままの子どもが見えてくる〟ということを、職員も保護者も、時間をかけて話し合い、だいじにしています。

さりげなく子どもの動きを見ていれば、子どもの気持ちや子どもの心の向いている方向などがよく見えてきます。これは子どもを理解するためにもだいじなことですが、それよりも何よりも、子どもを尊重し、子どもの思いや、やろうとしていることを尊重する、一人の人間として関わる重要な基本の関わり方だと思います。

日本の社会が、まだ、一人ひとりの独自性よりも、周囲のみんなに同調することへの期待が強いだけに、このことは意識的に取り組まなくてはならない課題だと思われます。それはまた、同時に日本の民主主義の重要な課題でもあると思います。

2 本気になって取り組む

〝要らぬことはしない〟とは別に、〝しなくてはならない〟ことがあります。それは物事に取り組むときは「本気になって取り組む」ということです。私たちは日常あまり気が付きませんが、周囲の人がやっているからとか、習慣的にやっているとか、やらされて受動的になっている場合がたくさんあります。しかし新しい力を身につける（発達を獲得する）ことは、受動的になっていてはできません。気持ちを集中させて、「本気になって」取り組む必要があります。だから子どもが何かを考えているとき、何かに取り組んでいるときには、むやみに横から口をはさまないようにしなくてはならないのです。

例えば、小さい子どもが衣服の着替えをするとき、「さあ、早くして」とせかせると、子どもは受動的になり、あせって着替えを済ませようとします。しかし、自分で自由に着替えをするときは、いろいろ考えています。〝新しいシャツは気持ちがいいな〟とか、〝急いで手を入れようとしたので、指がここに引っ掛かってしまった〟などと心が生き生き活動しています。だからいろいろ学びとり、経験を身につけ、着替えもだんだん上手にできるようになっていきます。主体的に活動しているときは心の活動範囲も広く活発で、子どもは多様な力を獲得し、どんどん発達していきます。そこに大人や周囲の助言や示唆があると、子どもはそれを吸収して、新しい力や、一段レベルの高い力を獲得し、さらに発達が進みます。

また、同じような年齢の子ども集団の場であるからこそ得られる、発達のチャンスがあります。

先にも紹介したように、「みつばち保育園」（に限りませんが）の子どもたちは、年齢が小さいのに自分の着替えのシャツやパンツのおかれている場所をよく知っており、シャツやパンツが汚れると、自分で取りに行って着替えをしています。周りの子どもが当然のこととしてやっているので、新しく入った子どもも、すぐそれを真似してできるようになるのです。

大人が教えなくても、すんなり着替えの力が身につくのは、一つには、全体として、この保育園には、〝自分のことは自分でする〟〝自分をだいじにする〟あり方が、しっかりとみんなのものになっているからです。だから、〝他の人もだいじにする〟こともしっかり行き渡っています。親たちも同様です。泣いている子どもにすぐ甘い言葉をかけたりしないで、その子どもが自分で立ち直るのを待つとか、争っている子どもに対して「あんたはどうしたいの?」というような声の掛け方に、大きな意味があること、またそれが保育園のみんなの身についていることも先に挙げてきた通りです。

野上さん（園長）以外の職員から聞いたことですが、このように職員みんなが「一人ひとりを尊重する」「主体性をだいじにする」ということをしっかり身につけるために、機会を作り時間をかけ、何度も学習・交流会などを持っています。日常の保育の中でも声を掛け合い、注意や確認をしあったりしています。私も保育園の役員をしているので保育園によく行きますが、

「◇◇ちゃん、〜〜だね」

などと保育者同士が、確かめ合ったり、注意している場面を何度も見たことがあります。もちろん園外での研究会への参加や、その報告などもだいじにされています。

この学習や交流の会は、柔らかいおしゃべりの空気の中で行われていますが、中身は、

日々の保育の中で起こった具体的な場面を、子どもとの関わりとともに話し合うので、具体的で、一人ひとりの胸に落ちるものになっています。真剣に、時間をかけてゆっくり話し合うので、夜間に及ぶこともあります。また、欠席した職員や新しい職員のために集まりを持つなど、みんなが分かり合い、気持ちを一つにすることを重視していることがよくわかります。

ときには人間の心身の発達についての科学や、人間や動物全般の進化についての学習や、埼玉県にある「さくらさくらんぼ保育園」（創設者、斎藤公子）の取り組みや理論の学習など、それも一回で終わらず何回も継続して取り組む真剣さです。

こうした保育実践や学習会・話し合いなどに現れている「真剣さ」が、日常の保育の質を高め、また、親たちとの共同を進める力になっていると思われます。それは、保育の仕事は、人間の厳粛な営みのひとつだと考えているからだと思われます。決まった時間まで預かっておればよいなどという単純な頼まれ仕事ではなく、子育てという人間としての、共同の活動です。

五人のわが子を育てた野上さんは、その最初から、周囲のお母さんと一緒に子育ての活動に取り組んだ豊かな経験から、どの子もわが子と同じであり、自分自身が母親のような気持ちであったに違いありません。だから保育園は、職場というより家庭のようなものだったでしょう。それは「みつばち保育園」が、自分たちの保育園を「大きなお家」と呼び、子どもたちを「みんなわが子」としていることにはっきり現れています。

そこで職員や保護者など、何人もの人間が集まって、いっしょに子育てをするのですから上も下もありません。もし、保育園を企業活動のように考え、経営者の方針を中心にすると、組織や活動は上下関係で動くものとなります。効率や経済が重視された運営になると、子どもや親や保育者は、それに従属することになってしまいます。そんなことになっていいのでしょうか。

3 一人の声、一人の疑問は重い

野上さんたちが共同の保育を始めたとき、自宅を提供されました。それは一人のお母さんが「野上さんの持ち家?」と尋ねたことがきっかけになったと聞きました。

そして誰か一人が、「この場所では狭いね」と言ったのをきっかけに、〝外へ出よう。町中が園庭だ〟と考え、ほとんど毎日、子どもたちを連れて外へ出るようになったのです。

「子どもの移動には、バスがあればいいな。便利で安全だ」

と声があがれば、みんなで話が進み、中古のバスを購入する。それもすぐ二台になりました。

「子どもには自然がだいじなのでは？」

との声をきっかけに、みんなで話し合って、郊外の西山高原に分園をつくりました。一人の声をきっかけにみんなが話し合います。そしてみんながやる気になれば苦労も楽しみです。こうして認可保育園も作られ、第二園の「みつばち菜の花保育園」も作られてきたのです。

一人の声は、そのときの状況や課題を反映しています。その一つひとつをしっかり受け止め、みんなで話し合って、具体的な活動にしていく力がここにはあるのです。

このことは子どもに関わるときでも同じ姿勢です。一人の子どものことを考える場合、何かあった場合にも、それを一人の問題にしないで、その周囲はどうだったのか、背景に何があったのかを含めて見て、考えるという姿勢がしっかりしています。一人のせいにしない、一人を責めない、その親や家庭のせいにしない、みんなの問題として広く見、深く考えます。そして、どうしてそんなことが起こったのか、どうすればよいかなどを、みんなの問題として話し合うのです。その考え方、取り組みのしかたは、保育者の間だけでなく親たちの中にも広くあります。

子どもたちはよく手をつないで動きます。大人も子どもと手をつなぐことが多いです。そのとき、どちらが先に手をつなぎにいったのだろうか、子どもが手をつなぎ保育者を引っ張っているのか、保育者の方が引っ張っているのか、とか、いや双方が柔らかくつなぎ合っているのか、といった状態を検討します。また、手は柔らかく握っているか、堅く握っているか、とか、どんな握り方がいいのだろうか、子ども同士ではどうなっているだろうか、などと、そのときの状況をくわしく話し合うのです。保育者が離れている場合、その立ち位置はどこが適当なのだろうか、子どもをじっと見つめるのはいいのだろうか、そのとき適当なのは？……というように、丁寧に検討するという具合です。もちろん科学的な見方もだいじにされています。

4 集団の質、力量、主体性

最後に、集団を見るいくつかの視点について述べたいと思います。一つは集団の「質」

です。

①集団の質

「質」といってもいろいろありますが、ここで取り上げたいと思うのは、集団の構成メンバーのつながり方が、力の関係（上下の関係）になっているタテ型の集団か、一人ひとりが尊重され、一人ひとりの主体的な活動が生きている柔軟なヨコ型の集団か、という点です。これは保育園のような幼い子どもの場合だけでなく、「子どもまつり」や「プール掃除」「キャンプ」などで書いた子どもたちや子どもと大人の関係、また「学校」の実情などを思い出して頂ければよく分かります。

子どもたちが生き生きと活動し発達を獲得するためには、主体性が尊重される柔軟な場が必要なことは繰り返し述べてきたところです。しかし、現代の社会は効率、スピードが要求され、成果が強く求められる硬直化した状態が広まっているので、「質」を意識的に確保することが、ますます重要になっています。

自主、自治、民主的ということをだいじにし、子どもが主人公、子どもが主体という位置づけをして、活発な活動をしている子どもの集団や組織、少年団などが各地にあります。私の体験した夏のキャンプを見ると、食事作りも楽しく、冒険のような緊張を要する登山も助け合ってやっています。最終の夜に行われるキャンプファイヤーの集いでは、班ごとに熱を入れて創ったそれぞれの創作劇などの発表に、笑ったり感心したり、高く燃え上がる炎に驚いたり、と、充実の数日を過ごしています。そうすると、これで解散というときには、もうお互いの結びつきが強くなり、別れるのがつらくなって、名残《なごり》をおしんで、駅前の広場で輪を作って歌う歌声は、だれが音頭をとるということもないのに、長く長く続きました。歌が終わっても数人ずつが抱き合って、中には泣いているグループも幾つもありました。数日の共同生活でも、その体験が豊かなら、こんなにみんなの結びつきが強くなるのです。

そのような集団では〝いじめ〟や〝暴力〟はありません、そんなこと起こるもとがないのです（〝ガラスを割った〟の項〈八八ページ〉や「みつばち保育園」の〝あんた、どうしたいの？〟と声をかける項〈一五四ページ〉も参考になると思います）。うまくいっしょにやれない子どもや障害のある子どもがいれば、その子どもを気にかけだいじにし、必要なときには援助するようにみんなが動くのです。

子どもたちは本ものの課題、厳しい課題にみんなといっしょに取り組む中で、新しいことを学び身につけ、発達します。知識や技術もですが、人間としてだいじな、「自分をだいじにする、他の人を尊重する、共同する」そんな力を集団の中で学び取るのです。ですから、今、その子どもが所属している集団が、そのような質を持ち、そのような活動をしているかどうかは、とても重要なことです。

②集団の力量

集団で話し合う――といっても、前の人の発言をだいじにしないで、勝手な発言をしているような話し合いと、お互いの発言をだいじにして、それに結びつけ自分の考えを述べる話し合いとでは話し合いの質が違います。一人ひとりの発言を結び合わせ、全体として問題を深めるような話し合いを運ぶ力を、その集団（の人たち）が持っていることが、集団の質に大きく関わっています。そして、そんな話し合いにするためには、話し合いの軸になる人として、司会者や議長を決める場合もありますが、大きい会議でなければ、特に誰が進行役と決めないで進む話し合いも日常的には多くあります。

集団も大きいと、日常的な活動の中心となる役員（執行部・委員会など）をつくり、議長を置いたり議事を整理して会議を進めたりしますが、日常的な生活ではいちいちそんなものは決めずに進んでいることが多いです。しかし集団にはやはり中心となる人（たち）ができたり、話し合うときにはリードする役を持つ人（たち）ができるものです。

柔軟で開放的な集団、民主的な集団では、中心となる人たちも他の人たちと一緒に動き一緒に考えます。だから中心的な役割を果たす人（たち）の考え方や知識、そして話し合いを柔軟に進める力量はとても重要です。集団のみんなが、深く考えるようになり、前進的な方向で活動できるのも、中心的な役割を果たす人（たち）によるところが大きいものです。したがって中心となる人（たち）の力量が集団の活動の力量を左右するところが大きいものです。

とくに子どもたちの集団では、まだ科学的な認識力や社会的な知識も十分でないので、リード・援助する役の人がいると、活動でも話し合いでも、子どもたちはどんどん学び発達することができます。また年齢が少し上の子どもから学ぶことも多いものです。集団が異年齢の構成であること、また青年や指導員がいることは、その集団の力量を大きくし、発展させるために重要なことです。

③集団の持つ主体性

一般に「集団の主体性」という言葉は、あまり使われませんが、集団・組織として動くときは、その方向を考え決定しているのですから、集団の主体性を考え重視しないと、個人の主体性や周囲との関係がしっかり捉えられません。また、人間一人ひとりの尊重と同じように、集団についても重視し、その活動に責任があることを認識しなければ、集団活動の多様な現実に対応できなくなります。

子どもたちも、学級や遊び仲間、クラブ活動などで活動しているとき、個人としての活動と集団としての活動の両面がありますが、「集団の主体性」の面を考えていなければ、活動が混乱し、活動の認識・理解も混乱します。集団で決定し実行することは、外部に影響を及ぼしますから、集団の責任もあるわけです。子どもの社会的な認識を育て、積極的な活動や組織的活動のしかたや責任感を育てるにも、その視点が必要です。現代の日本の社会はその点、曖昧さがあり、それがクラブや地域の団体、学校や行政、企業、各種法人など活動の倫理面の曖昧さや、社会的な曖昧さをもたらしています。――公害や格差社会の問題でも同じです。子どもたちの社会認識の形成・発達にも影響している大きな問題だと思います。

あまり深く考えず成り行きまかせになったり、以前からの繰り返しになっていては、集団の主体性が弱まり活動は活気を失い、集団が退化の道をたどることになります。また、決定が曖昧になったり決定の実行がきちんとされなかったりすると、その集団の質や力量も低くなり、主体性も弱くなります。

実情をしっかりつかんだうえで、科学的で柔軟な話し合いが進められてこそ、みんなの合意が成立します。それがあってこそ、集団の一体感が強まり、集団の主体性が強くなり、活動は活発になって、集団の発達・発展があるのです。みつばち保育園の生き生きした職員、父母、子どもは、その集団の高い主体性と質を現わしています。

おわりに

子どもの発達は子どもの周囲、子どもが所属している集団のあり方と大きく関係していること、そしてその集団も質的に変化、発達することを述べてきました。それは子どもと関わることの多い保育者や学校の教員、青年、大人の人たちに、そしてもちろん子育てまっ最中のお母さんお父さんに、子どもの発達の道すじや子どもの所属している集団の持っている意味の重さについて知って頂ければ……と思っているからです。

特に集団の質や集団の発達については、一般的にまだまだ意識が弱く、逆にそれを避ける傾向さえ広く存在するという現状です。それでは子どもの動きや発達について、理解や認識が深まりません。この集団と子どもたちの関係については、いくつもの実際の例を挙げて、微妙な関わりの持つ重い意味も含め、説明したつもりです。

ですから特に、子どもの動きが気になるとか、集団の活動が停滞しているのでは、と思っておられる場合は、この少し理論的な、そして実践を踏まえた本書は、少しはお役に立つのではないかと思っています。
なお、お気づきの点やご感想などお聞かせ願えれば嬉しいです。

この本には、各章の扉と第四章本文中にみつばち保育園から、たくさんの写真をご提供いただき掲載できましたこと、厚くお礼申し上げます。

出版にあたっては、文理閣の黒川美富子さんには、一方ならずご援助を頂きました。それがなければ、この本は生まれることはありませんでした。心から有り難く嬉しく思っていることを、ここでも改めて申し添えさせていただきます。

二〇一六年五月三一日

棚橋　啓一

著者略歴

棚橋啓一（たなはし・けいいち）

1927年、京都市生まれ。旧制第三高等学校中退。京都市立小学校教諭を経て京都市立朱一保育所所長。日本福祉大学、佛教大学非常勤講師。著書『子どもの人間的発達』（新樹社）、共著に『はじめての障害児保育』（かもがわ出版）、『生きる力を創る仲間たち』（かもがわ出版）。

子どもは発達まっ最中—主体性・柔軟・関わり・集団

2016年8月10日　第1刷発行

著　者　棚橋啓一

発行者　黒川美富子

発行所　図書出版　文理閣

京都市下京区七条河原町西南角 〒600-8146
電話（075）351-7553　FAX（075）351-7560
http://www.bunrikaku.com

印刷所　新日本プロセス株式会社

ISBN978-4-89259-795-4